西安小史丛书
XI'AN XIAOSHI CONGSHU

汉长安城
HAN CHANG'AN CHENG

编著 潘明娟 王新文

西安出版社
西安曲江出版传媒股份有限公司

图书在版编目（CIP）数据

汉长安城 / 王新文，潘明娟编著 . -- 西安 ：西安
出版社，2015.8（2019.1重印）
　（西安小史）
　ISBN 978-7-5541-1214-4

　Ⅰ . ①汉… Ⅱ . ①王… ②潘… Ⅲ . ①汉长安城－城
市史 Ⅳ . ① K878.3

中国版本图书馆 CIP 数据核字（2015）第 204142 号

西安小史丛书

汉长安城

编　　著：王新文　潘明娟
责任编辑：张增兰　范婷婷
责任校对：张爱林
装帧设计：辛梦东
责任印制：宋丽娟
出　　版：西安出版社
　　　　　（西安市长安北路 56 号）
电　　话：（029）85253740
邮政编码：710061
网　　址：www.xacbs.com
发　　行：西安曲江出版传媒股份有限公司
　　　　　（西安曲江新区雁南五路 1868 号影视演艺大厦 14 层）
印　　刷：三河市兴国印务有限公司
开　　本：889mm×1194mm　　1/24
印　　张：5.75
字　　数：97 千
版　　次：2016 年 1 月第 1 版
印　　次：2019 年 1 月第 4 次印刷
书　　号：ISBN 978-7-5541-1214-4
定　　价：48.00 元

《西安小史》丛书编委会

序一

坊间以西安或长安历史为题的著述多矣，为何还要编写并出版这样一本"小史"？这是我在阅读《西安小史》书稿之前心中的一个疑问。可是读完之后，却有了新的认识。

长安作为历史上最具盛名的都城，其特色鲜明，内涵丰富，为世所公认。即便从世界范围看，能够与之媲美的，也不多见。古代长安曾经集中了中国文化的精华，或者说，曾经是中华文化的典型代表。无论是其思想内容，还是其表达形式，皆堪称典范。要理解中国的历史及其同世界其他地区文明的关系，特别是解读中国制度文化的历史，离开了长安这座伟大的城市，恐怕是很难找到正解的。我们完全可以说，在当代中国，地理位置居中、但在感觉上略为偏西的西安，其实是理解中国传统与文化的一把钥匙，从某种意义上说，也是理解当代中国的关键之一。由于这样的历史地位和对于人类文化发展的贡献，有很多人为其著书立说，自是理所当然。

然而，我们能够读到的关于长安或西安历史文化的书籍，还是以严肃的研究类著述居多。这样性质的论著，对于学术研究的进步当然是很好的。可是，如今社会，有很多普通的民众，对中国文化的来龙去脉，以及如何一步步走到今天并不清楚。要回答这样的问题，学者们就应当基于严谨的学术态度，而用通俗易懂的语言，将历史的真实告之世人，从而显著地缩小当代与历史的距离，培育并增进那种本应得到继承，然而事实上却有些淡漠、甚至可以说暌违已久的民族历史情感。

在我看来，这正是此谦逊地自名为"小史"，内容却丰富多彩的读物所承载的使命。读完之后，我掩卷而思，甚感作者用心之良苦、匠心之独运。作者是专业人士，学养深厚。有此基础，故全书概念准确，内容丰富，取舍得当，读来令人饶有兴味。一卷在手，费时不多，古长安之历史兴衰及其对于当代的影响，可以有个初步的认识，这一点，是勿庸置疑的。

然而我还要特别指出，本书与许多类似的著述所不同的两个特点。

第一，近代以来，随着社会的变迁，长安文化在许多人看来不过是一种久远的历史存在。当然，国人和世界都不会不注意到古代长安的文化遗存，但注意力更多地停留在物质的或外在的表现方面，长安文化的精神与核心却往往是被忽视的。然而本"小史"却非常重视对内在精神文化的解读，虽笔墨不多，用语也并不佶屈聱牙，然有其深意在焉。我们知道，历史上所有伟大的城市，之所以千古留名，从根本上说，是因其体现了某种足以反映时代特征的伟大思想和精神。我们说起长安，就会情不自禁地联想到汉唐气象，这说明长安具有有别于其他古代城市的特殊精神气质。而其空间格局和建筑的样式等等，只不过是其思想与精神气质的外在表现，是思想与精神气质的物化。这一点，如果本书的读者稍加留意，是一定会注意到的。

第二，本书作者在娓娓道来之际，给自己确定了一个相当高的学术品格。这个品格除了以严谨的态度尊重历史事实之外，还体现为其视野和胸怀。我曾在另外一个场合说过，长安学的研究应当遵循一个基本原则，即要有历史起点、当代情怀和世界眼光。所谓世界眼光，是说解读长安或西安的历史，必须要超越今日西安的空间范围。换言之，我们不能坐井观天，而必须换个角度回望自己的历史。舍此，我们其实无法准确地解读长安或西安在中国历史甚至世界历史上的地位与影响。我相信，如果读者明白了这一点，就不会对本"小史"中的某些内容远离关中中部这个相对狭小的地理空间而感到诧异了。

总之，这是一套好书，我愿意向各位郑重推荐。我相信借助此书，我们一定能够同作者一起，分享根植于我们灵魂深处的对于西安、对于祖国、对于人类文明的深厚情感。

萧正洪

（中国古都学会会长）

2015 年 7 月 30 日

序二

　　西安古称长安，是世界最著名的古代大都会之一，著名的丝绸之路的起点就在西安，其在古代中国与亚洲、非洲和欧洲各国的经济文化交流中发挥了重要的作用。在西安建都的王朝前后有 13 个之多，是我国建都时间最长、建都王朝最多的城市，被列为"七大古都"之首。尤其是隋唐时期的长安城，不仅是我国历史上规模最大的城市，其 84.1 平方公里的面积，是汉长安城的 2.4 倍、明清北京城的 1.4 倍；同时也是当时世界上规模最大的一座城市，比同时期的东罗马帝国的都城君士坦丁堡大 7 倍，也比公元 800 年所建的巴格达城大 6.2 倍。位于长安城北龙首原上的唐大明宫，是我国历史上规模最大、最为宏伟的一处宫殿群，其面积是今北京故宫的 3.5 倍。如此宏伟壮丽的城市，不仅是这一时期全国的政治、经济和文化中心，也是世界各国各地区的人们向往的黄金帝国。据《唐六典》的记载，当时来长安与唐通使的国家、地区多达 300 个，其中东罗马帝国先后 7 次遣使至长安，日本遣唐使到达长安 16 次，阿拉伯帝国曾 36 次派使节到长安，西域各国"入居长安者近万家"，在唐朝政府中担任各种官职的外国人也为数不少，因此长安城可谓真正的国际大都市。

　　正因为如此，西安地区的历史文化积淀十分深厚，著名的半坡、秦兵马俑、阿房宫、汉长安城、大明宫、大唐西市、明城墙以及大雁塔、小雁塔、大兴善寺、华清池、兴教寺、青龙寺等历史遗址星罗棋布，其周围的帝王与历史名人的墓葬和文化胜迹更是数不胜数。此外，由于西安是丝绸之路的起点，自从有了这条道路，古代世界才真正开始联结成为一个整体，人类文明进步的脚步进一步加快，人类物质和精神生活由此而更加丰富充实和绚丽多彩，东方历史和欧亚各国文化的发展由此改观。因此，人们称誉这条丝绸之路为"推动世界历史车轮的主轴"，是"世界文化的孕育地""世界文化的母胎"，是"世界文化的大运河"。当然丝绸之路绝不仅仅是一条东西方之间的商贸通道，它更是一条外交之路、对外开放之路、民族融合之路、文化传输之路和文明交融之路。

然而，如此丰富而深厚的历史文化积淀，直到目前尚未有一套简明扼要、适合普通读者阅读的介绍西安历史文化的书籍问世。有鉴于此，西安出版社和曲江出版传媒股份有限公司组织专家学者编写了这套《西安小史》丛书，以便为广大读者、游客和关注西安历史文化的中外人士服务。

这套丛书共由六部小书组成，即《汉长安城》《隋唐长安城》《西安十三朝》《西安历史名人》《西安文化名人》《汉唐丝绸之路》，每部小书约为5万至6万字，各配有数十幅精美的彩色图片。因此，图文并茂，是这套丛书的第一个鲜明特点。

为了使广大读者在工作之余能以更短的时间了解西安的历史文化，故采取了专题式的写作方法。每部小书约有一百多个条目，每个条目约有数百字，把这一专题相关的内容系统而简要地介绍出来。因此，文字简洁，流畅自然，是这套丛书的又一个显著特点。

这套丛书的作者均为西安地区高等学校和文博部门从事多年考古与历史研究的专家学者，对西安地区的历史文化有着深入的研究。每部书所收的专题都经过反复讨论后才最终确定。初稿完成后，又经过了认真的修改完善。因此，内容丰富，知识科学，也是这套丛书的特点之一。

其中《汉长安城》分为 9 大专题，即城墙与城门、殿阁、官署、礼制建筑、市场作坊、里巷街道、苑囿、陵墓、军营等，共百余条目，详细介绍了汉长城近 800 年的都城史以及其兴建、繁荣、衰落的历史过程。

《隋唐长安城》分为 13 个大专题，即总论、三大内、皇城与官署、外郭城、坊市与宅第、庙坛、寺观、风景名胜、井渠、离宫别馆、陵墓、岁时风俗等，一百多个条目，介绍了其作为隋唐两朝都城 300 多年的历史情况以及城市的发展变迁史。

《西安十三朝》以在长安地区建都的西周、秦、西汉、新莽、东汉献帝、西晋、前赵、前秦、后秦、西魏、北周、隋、唐等王朝为专题，每个专题中又分为若干条目，主要围绕着这些王朝的重大事件、典章制度、经济状况、文化成就以及兴衰历史等情况，进行了详细的介绍。

《西安历史名人》共分为 119 个条目，介绍了上至先周时期、下止民国时期 3000 多年间的众多历史人物，包括杰出帝王、名臣将相、政治家、改革家、外交家、旅行家以及为中华民族的发展做出过贡献的各类人物。在详尽介绍其生平情况的同时，着重介绍了其历史贡献以及在我国历史上的地位。

《西安文化名人》共分为 120 个条目，着重介绍了从上古至民国时期以关中为籍贯或者曾在这块土地上生活过的历代文化名人的事迹。包括文学家、音乐家、美术家、书法家、史学家、佛学家、经学家、科学家、剧作家等各类文化名人，除了介绍其生平事迹外，侧重对其在各自领域内所取得的突出成就及其地位进行客观的评价，在一定程度上可以反映我国古代文化史的发展情况。

《汉唐丝绸之路》共分为 114 个条目，详细介绍了以长安为起点的丝绸之路沿线的国家民族、城市聚落、历史遗存、道路走向以及中外经济文化交流的情况。除了介绍汉唐时期丝绸之路的发展变化情况外，还对早期丝绸之路的历史进行了介绍。为了响应习主席提出的"一带一路"的战略构想，还专门设计了相关的条目，对其内涵予以介绍。

这套丛书的编写与出版，是一种新的尝试，主要目的是想用一种图文并茂、简明易懂的方式介绍西安的历史与文化，以有别于学术著作的晦涩难懂，以满足广大群众了解西安历史的需要。因此此书的出版，无疑有利于宣传西安及陕西的悠久历史和灿烂文化，扩大其影响，同时对西安地区旅游业的发展也将起到积极的推动作用；对古代丝绸之路历史的介绍和"一带一路"的宣传，则有利于广大人民群众对这一伟大战略构想的了解。

杜文玉

（中国唐史学会副会长、陕西师范大学教授）

2015 年 5 月 15 日

前言 *preface*

西汉都城——长安

在今天西安西北郊的渭河台塬上有一处面积达 36 平方千米的城市遗址，这就是西汉都城长安的遗址。2200 多年前，这处名为长安（始皇弟封长安君，故名）的乡聚被确立为汉都所在。其后，历两汉魏晋北朝，先后成为西汉、王莽新、东汉、西晋、前赵、前秦、后秦、西魏、北周等王朝的都城，直至隋初大兴城建成后，先后沿用约 400 年的汉长安城逐渐荒废。

作为历史的物质性遗存，曾经辉煌的城市在坍塌后被自然重新装饰，与地脉完美地结合在一起，成为大地的一部分。这些残垣剩土激发了历代文人墨客的忧伤，也获得了艺术家们的赞赏。但是对于今天的人们来说，汉都长安却已成为难以拼接的记忆碎片，我们已难以全面把握这座万雉金城在历史长河中的种种细节。

世界文化遗产——汉长安城未央宫遗址

一、汉都长安城的地理形胜之势

长安，地处被誉为"天府"的关中平原中部。这里山环水绕，原野舒展，气候温润，土壤肥沃，物产富饶，风景秀丽，自古就有"金城千里"和"四塞以为固"的形胜美名。长安城南边的秦岭山脉、北边的北山山系,自东向西,宛若条条游龙,构成了关中平原的天然屏障。城北的渭河及其两岸支流犹如叶脉环绕长安,因而司马相如在《上林赋》中写道:"荡荡乎八川分流,相背而异态。"

汉初,长安的位置与形胜使其成为四海之内最为重要的战略地点。娄敬、张良指出:"夫关中,左崤函,右陇蜀,沃野千里,南有巴蜀之饶,北有胡苑之利,阻三面而守,独以一面东制诸侯,诸侯安定,河渭漕挽天下,西给京师;诸侯有变,顺流而下,足以委输。此所谓金城千里,天府之国也。"

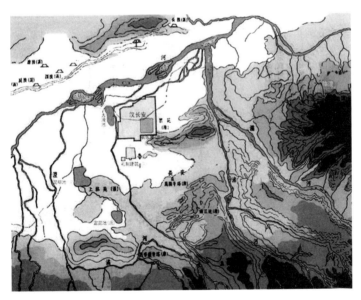

山环水绕的汉长安城

二、从秦咸阳到汉长安

秦都咸阳规模宏大,表南山以为阙,引渭川以为池,城市发展越过了渭河，渭河南北宫殿连绵，呈现了"渭水贯都"的宏大气象。渭河以南的章台宫、兴乐宫等宫殿，为西汉定都长安提供了便利条件。

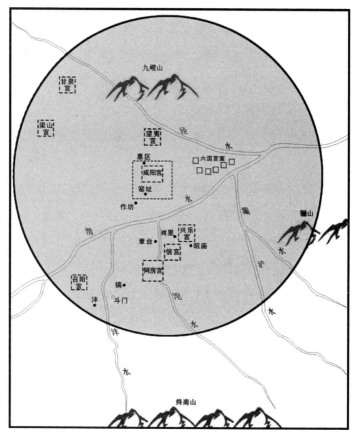

秦咸阳渭南宫室为汉长安城的营建奠定了基础（根据贺业钜《中国古代城市规划史》313 页图改绘）

　　公元前 202 年，当汉高祖刘邦决心定都关中之时，秦人在渭南所建的宫室唯有兴乐宫可堪修复。公元前 200 年，当以之改建的长乐宫建成之后，汉高祖在修葺一新的宫里举行了西汉帝国第一次正式的朝仪。公元前 199 年，萧何斩龙首山而营建未央宫，其宏大规模表达了"天子以四海为家，非壮丽无以重威"的营造思想。从城市的整体布局来看，长乐、未央两座宫殿之间所夹之南北通道，在实际活动中具有中心意味，因而其北面增修的宫殿自然被命名为"北宫"。长乐、未央、北宫三大宫殿群，确定了刘邦时代长安的核心地带。殿宇之间为存放兵器的武库，宫殿北面与渭河之间地带，当是大面积的居民区、市场区以及其他功能区。这就是高祖时期长安的城市形态。

公元前 194 年，汉惠帝开始在长安周围加筑城墙，工程断断续续持续了 5 年之久。城垣周回 60 里左右，四面各开三座城门，城外有渠水或河水环绕。城墙的出现使长安城初具"匠人营国，方九里，旁三门。国中九经九纬，经涂九轨，左祖右社，面朝后市，市朝一夫"的理想城市布局，新设立的西市被整齐地规划在长安城墙之内。

武帝时代，西汉帝国迎来了其国力最为强盛的时期，武帝不满足已有的宫殿，大力增筑新的殿宇，城内新建了桂宫和明光宫。与此同时，城市的发展越过了城墙的限制，雄才大略的汉武帝在城西和城南分别修建了建章宫和明堂，并在城西南开凿了昆明池，拓展了上林苑。

西汉末年，王莽托古改制以恢复《周礼》来强化权力，在汉长安城安门前兴建九庙，增设都城的礼仪景观，运用建筑配列格局的象征意义，达到意识形态的特定目标。

三、汉都长安城的平面形态与轴线

汉长安城的平面形态并非标准的方形或长方形，除东城墙呈南北一线外，其他三面都有多处转折，特别是曲折的南北城墙形状，颇似夜空中的南斗星和北斗星。《三辅黄图》

以为这种形状是"城南为南斗形,北为北斗形,至今人呼汉京城为斗城是也"。

汉长安城呈"八街九陌"的街巷格局。考古发现,除未央、长乐宫附近的四个城门外,通向其他八个城门的街道均为三条平行的干道。中间干道最宽,达 20 米,被称为御道或驰道;两边道路各宽 12 米,由两条排水沟相区隔。街道笔直,或东西向,或南北向,它们在城内交错、会合,形成八个"丁"字路口和两个"十"字路口。汉长安城这种棋盘式的街道格局,以及市内交通结合城市排水的规划布局,堪称中国古代城市的典范。

从考古揭示的汉末长安城总体布局看,汉长安城已形成中轴线布局:由横门至西安门的南北大道为其中轴线,未央宫正处其上;中轴线贯穿未央宫的北宫门和南宫门,出北宫门连接横门大街,其东为"北阙甲第"和北宫,西为桂宫,再北的东市和西市分列横门大街的东西两侧;向南,由南宫门出西安门,宗庙在其左,社稷居其右。

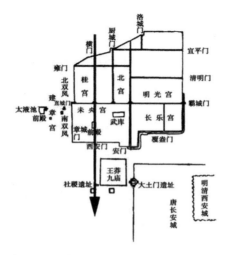

汉长安城市形态及中轴线示意图

中轴线确立了汉长安城礼制秩序，其偏处城市西半部的原因，可能与未央宫利用秦章台宫的旧址有关。加之长乐宫与未央宫所形成的东西并列格局占据了城市整个南半部，也制约了轴线的布局。

四、东西方文明交汇的国际都市

汉武帝时，张骞出使西域，开启了中西经济文化交流的"丝绸之路"，东西方文明在汉长安城交流融合，长安成为当时世界上规模最大的国际都会。作为丝绸之路的东方起点，长安城也是丝路上最大的商品集散地，数以万计的外国商贾居住在长安东市南边的藁街两旁。班固《西都赋》记载说："九真之麟、大宛之马、黄支之犀、条支之鸟。逾昆仑，越巨海，殊方异类，至于三万里。"西域的舞蹈、音乐传入长安，长安的典章制度影响更加广泛。

汉长安城出土的波斯钱币（汉长安城遗址保管所展厅）

五、长安都市群

西汉时，人们把陵墓的营筑和都城的建设视为一个整体。西汉帝陵除文帝霸陵和宣帝杜陵坐落于长安城东南郊之外，其他9座帝陵均分布在与长安城相对的渭河北岸的咸阳塬上。汉代实行陵邑制度，政府向皇帝陵邑大规模地移民，从而使得皇帝的陵园实际上成为一个个城市。班固《西都赋》中"南望杜霸，北眺五陵，名都对郭，邑居相承"，描述了环拱都城长安诸陵邑的情况。

汉长安城附近的诸陵邑，沿渭河两岸分布，成为首都的"卫星城"群。陵邑人口众多，平均在10万~20万左右，其中茂陵的人口最多，大约有27万。翦伯赞先生曾形象地说："当时的关中……特别是陕西中部渭水流域一带，是周秦以来，中国古代文明的摇篮之地。在这里有着许多古代都市的存在。到西汉的时候，假如我们驾着小舟逆渭水而上，一定可以看到，在渭水的沿岸有着无数大大小小的都市。"

六、魏晋时期的长安城

西汉末年，王莽建立新朝，绿林、赤眉兵火连接，长安城为战火所吞噬，城中"民饥饿相食，死者数十万"，一片惨状。东汉时期，长安为西京，虽修复了部分宫殿，但城市仍然一片凋敝，班固不无伤感地写道："徒观迹于旧墟，闻之乎故老。"西晋以至十六国和北朝时期，先后有前赵（12年）、前秦（35年）、后秦（32年）、西魏（22年）、北周（25年）以长安为都，长安有了一定程度的恢复与维修。公元581年，隋帝国建都长安时，饱经战乱的汉长安城一片狼藉，城市残破，显然已无法满足作为一个大一统帝国首都的条件。公元582年，宇文恺受命负责设计建造大兴城，仅用9个月就竣工，随即迁入新都。此后，西汉长安城逐渐被废弃了。

七、汉长安城遗址价值

从 1956 年开始，中国社会科学院考古研究所对汉长安城遗址进行了大规模的考古发掘，持续几十年的考古工作初步揭示了汉长安城的布局结构，并使大量文物重见天日，从而为大遗址保护工作奠定了坚实的基础。1961 年，"汉长安城遗址"被国务院公布为第一批全国重点文物保护单位；2006年，列入中国申报"丝绸之路"世界文化遗产预备名单；2010 年，列入第一批国家考古遗址公园立项名单。2014 年 6月，汉长安城未央宫遗址被列入世界文化遗产名录。

汉长安城遗址保护规划

总体来看，汉长安城遗址具有"突出的普遍价值"，主要表现为：

1. 汉长安城是西汉时期全国政治、经济和文化中心，其城市面积是同时期罗马城的 3 倍，是当时世界上占地面积最大的城市；其城市布局和建筑面貌，在世界城市建设史上有广泛影响。

2.西汉是多元一体的中华民族——汉族与汉文化形成与发展的关键时期，汉长安城以其开放包容的城市性格成为汉文化形成的中心。

3.汉长安城是古代丝绸之路的东方起点，当时，大宛天马、安息鸵鸟、西域狮子以及石榴、胡麻、胡桃、胡豆、胡瓜等西方物种传入中国后经汉长安城传到全国各地，丰富并推动了丝路沿线各国的经济与文化发展。

4.西汉长安的礼制建筑群是我国古代规模最大的礼制建筑群，主要有明堂辟雍、官社、官稷和宗庙等。

在西汉 200 多年的历史中，长安城的空间形态处于不断的重构之中。在这一进程中，每位君主为了表达其特殊的政治和宗教价值观，城市营建活动不断变化其中心和目的，从而营造了一系列纪念性景观。正如巫鸿先生所指出的，汉长安城是一座"纪念碑式的城市"。

目录 *contents*

城墙与城门

斗城
DOUCHENG

　　汉长安城的平面形状为不规则的方形，四面城墙除东城墙比较平直，三个城门均位于南北一条直线上以外，南、西、北三面城墙都有不同程度的曲折，其中尤以北城墙为最，曲折达7处之多。北墙西端比北面西头第一门横门偏南约500米，横门比北面中门厨城门偏南约200米，厨城门比北面东头第一门洛城门偏南约800米，而洛城门又比北墙东头偏南近300米。整个北城墙呈西南—东北方向曲折，城墙西端比东端偏南近2000米。南墙有4处曲折，中间一段向外突出，西段比东段偏南，南墙中间的安门比东边的覆盎门偏南约900米，西边的西安门比安门偏北约200米。西城墙有2处曲折，南段比北段偏西约200米。这种曲折，在古代被认为是建城时有意为之，城南为南斗形，城北为北斗形，因而人们将长安城称为"斗城"。

　　其实，汉长安城南、西、北三面城墙曲折的原因都与当时的微地貌景观有很大关系。南城墙的曲折主要是根据长乐宫和未央宫的位置决定的。为营造皇宫的凌空之势，使皇宫显得更加宏伟壮观，长乐宫和未央宫建筑于龙首原顶。而龙首原呈西南—东北走向，所以，长乐宫的位置偏北，未央宫的位置偏南。长乐宫和未央宫建筑在前，城墙修筑在后，所以，南城墙的东端偏北，西端偏南。西城墙的曲折也跟未央宫有关，主要是受到沨水流向的影响。沨水在长安城西分为两支：一支向西北流，入建章宫，经神明台，北流入渭；一支向东北流，在横桥以东入渭。受东北流向的沆水支流的影响，西墙北段只能向东偏移，让沆水流于城外，否则城墙就得横跨沆水，不方便修建，也不利于防御。北城墙最为曲折，主要受到渭河一级阶地的制约。从《西安附近阶地分布图》可以看出，渭河南岸的一级阶地与高漫滩地的分界线在西安市北郊呈西南—东北走向，大致经过今师家营、泥河村、阎家村、相家巷、席王村、张道口、北党村、东兴隆、草滩镇等地；而汉长安城北墙的走向和所经之地点正与此相同。在这条线上筑城墙是有意为之的，渭河一级阶地比高漫滩地高出 18 米左右，在一级阶地边缘筑城墙，可以充分利用地势，增强城墙的军事防御能力。汉长安城的东墙，位于渭河南岸一级阶地上，地形比较平整，既

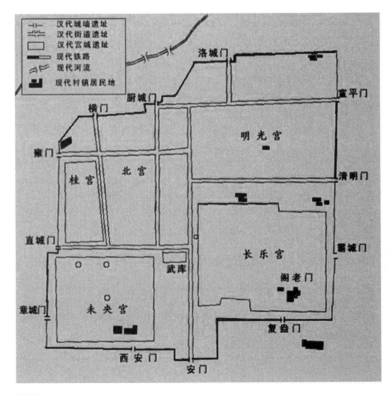

斗城图

无河流洼地阻隔，又无高坡台地阻挡，所以，城墙也就相应平直，无需曲折。

城墙
CHENGQIANG

　　汉长安城墙的建筑是在汉惠帝时期，当时长乐宫和未央宫已经建成。城墙的修筑自惠帝元年（前 194 年）开始，到惠帝五年（前 190 年）结束。其间大规模的修筑有 3 次，第一次在惠帝三年春，征发长安周围 600 里内男女 14.6 万人，修筑了 30 天；第二次在同年六月，征发诸侯王和列侯的徒隶 2 万人，修筑时间大约一个月；第三次在惠帝五年正月，征发长安周围 600 里内男女 14.5 万人，也修筑了 30 天。从这三次集中征发人工来看，长安城的修筑规模是非常浩大的。

　　汉长安城的平面略呈方形，规模宏大。东汉卫宏《汉旧仪》记载，汉长安城周长六十里，经纬各一十五里；《后汉书·郡国志》则认为汉长安城周长六十三里，经纬各长一十五里；《周地图记》记载的长安城规模最大，周回六十五里。陕西省测绘局测量汉长安城的城墙总长约为 25.1 千米，其中东墙 5916.95 米，西墙 4766.46 米，南墙 7453.03 米，北墙 6878.39 米，城域面积为 34.39 平方千米。这样大的城市规模，在当时世界上是绝无仅有的。汉长安城是公元 300 年建造的罗马城的 2.5 倍，是公元 447 年建造的拜占庭的 2.87 倍，是公元 800 年建造的巴格达的 1.13 倍。

　　汉长安城的城墙每面开三门，每门有三个门道，每个门道 6~8 米，可容纳 4 个车轨，三个门道共容纳 12 个车轨。

汉长安城城墙东南角遗址　　　　　城墙遗址

城墙遗址　　　　　　　汉长安城遗址城墙夯土块（汉长安城遗址保管所展示厅）

到目前为止，汉长安城的北墙和西墙大部分被夷为平地；南墙和东墙遗址保存得比较好，虽有倾倒，但仍连续不断，最高处达 10 余米。从现存城墙遗址来看，汉长安城墙为版筑夯土墙，夯土层次非常清晰，土质纯净。筑墙用土取自龙首山，颜色赤黄，与城中黑土大不相同。

宣平门
XUANPINGMEN

汉长安城城门之一，是东城墙从北数第一座城门，又称"东城门"，遗址位于今西安市未央区青西村。

宣平门北距汉长安城东北角 1150 米，南距清明门 1750 米，城门直通城内东西向大街——宣平门大街。宣平门是汉长安城的重要门户，许多历史文献都提及此门。汉昭帝死后，昌邑王刘贺就是从宣平门兴冲冲地进入长安城，做了27天皇帝，终被霍光废弃。宣平门外建有郭城，郭城门为东都门。"东都门"的名称也多见于历代文献，汉宣帝时期太子太傅疏广退休，众大臣就是在东都门外送行的。

新莽时期改宣平门为春王门，西汉末年赤眉军毁长安城，春王门焚于烈火中，火势大得把门洞两壁都烧得发红。因此门交通位置非常重要，东汉时期得以修缮，改名为"青门"，修缮后门洞变窄，仅为6.5米左右。宣平门一直与汉长安城的历史相始终。

从考古发掘来看，西汉时期的宣平门共有门洞三个，中间门洞为皇帝御用的驰道，同城内道路中间的驰道相连，两侧门洞才是供臣民出入用的。门洞间的夯土墙宽为4米多，门洞宽度同汉长安城其他11座城门洞基本相似，约8米，这点同历史文献中可并行四车的记载是相符的。值得一提的是，西汉时期的城门洞不是我们常见的西安明城墙的那种券孔式门洞，而是在门洞两侧先铺石础，石础上立木柱，柱上设过梁，过梁上建有门楼。

宣平门遗址

清明门
QINGMINGMEN

汉长安城城门之一，为东城墙中间的城门，又名"凯门""城东门""玉女门""籍田门"等，王莽更名为"宣德门"。遗址位于未央区玉女村东约 100 米。

清明门北距宣平门 1750 米，南距霸城门 1530 米。门上建有城楼，下开三个门道，每个门道可并排通过四辆马车，门道直通城内清明门大街，横贯汉长安城东西的明渠就是从清明门流出城外，折向北，抵达渭河。清明门内有籍田仓。籍田是天子亲自耕作的田地，在汉代，每年春耕伊始，皇帝都要到籍田进行一次象征性的农耕活动，以表示对农业的重视。籍田的收获物要储藏于籍田仓内，专门用于祭祀天地、宗庙和群神。

霸城门
BACHENGMEN

汉长安城城门之一，为东城墙从南数第一座城门，又名"青城门""青绮门""青门""青雀门"等，王莽时更名为"仁寿门"。遗址在未央区樊家寨东约 2000 米。

有意思的是，霸城门别称皆与"青"相关。究其原因，有三个可能：一、文献记载汉景帝时有青雀落在城门上；二、城门可能是青色的；三、与霸城门的方位有关，在五行学中，东方为青色。霸城门因此而得名青门、青城门等。

　　霸城门外为邵平种瓜处。邵平又名召平，本是秦朝的东陵侯，入汉为布衣，种瓜于长安城东，瓜味甚美，人称"东陵瓜"或"青门瓜"。萧何入关后，得知召平有贤名，便把他招至幕下，每有行事，找他计议，获益匪浅。后世用"东陵瓜"或"青门瓜"指甜美之瓜，也比喻弃官归隐的田园生活。阮籍《咏怀诗》之九曰："昔闻东陵瓜，近在青门外。"骆宾王《夏日游德州赠高四》诗有："一顷南山豆，五色东陵瓜。"

　　霸城门北距清明门1530米，南距城的东南角1410米，是目前汉长安城十二城门中唯一保存尚好的城门遗址。城门两侧城墙残高至今仍有10余米，而当年的霸城门高度必在遗址残高之上，可见原霸城门是何其壮观！城墙均为版筑的夯土墙，每个夯层厚8~10厘米。据考古发掘，霸城门内有大街直通长乐宫中，把长乐宫分为南北两半，这条大街一直向西通向西墙中间的直城门。

霸城门遗址

覆盎门
FUANGMEN

汉长安城城门之一，为南城墙从东数第一座城门，因北对长乐宫，又名"端门"。门外有下杜城，为古杜伯国所在，因此，覆盎门又被称为"下杜门"或"杜门"。新莽时期改名为"永清门"。遗址位于未央区阁老门村南约1000米。

汉武帝时期，发生巫蛊事件，戾太子兵败后就是从覆盎门逃出长安城，最后被杀死在湖县（今河南灵宝西）。覆盎门距离唐代的太极宫最近，加之门外有唐玄宗梨园遗址，在隋唐时期应该是由太极宫等宫城进入汉长安故城的最合适门址，因此很有可能使用到唐末。

安门
ANMEN

汉长安城城门之一，为南城墙的中门，又名"鼎路门"，新莽时期改为"光礼门"。遗址在未央区西张村和吕家壕之间。

安门东距覆盎门2886.48米，西距西安门1830米。安门内有刘邦高庙，门外不远处就是汉长安城南郊礼制建筑群所在。南城墙三座城门，东西两门都面对皇宫，唯有中间的安门可供平常百姓出入，因此，安门是出入汉长安城的主要交通道路。安门以北的大街，纵贯长安城南北，是长安城内主要交通干道之一，也是刘邦出游的路线。由此向南，与著名的蚀中道（即后来的子午道）相接，通往秦岭以南。

西安门
XI'ANMEN

西安门遗址

　　汉长安城城门之一，因为在长安城安门的西边，所以被称为"西安门"。它是南城墙从西数第一座城门，又名"平门"，新莽时期更名为"信平门"。遗址在未央区马家寨南约1000米。

　　西安门西距汉长安城西南角1475米。西安门北对未央宫南

西安门东门道下排水涵洞遗址（汉长安城遗址保管所展厅）

宫门——平门，紧邻未央宫南宫墙，宫墙与城墙相距50米，有大道通往未央宫前殿东侧，因此，西安门可能不是一般百姓可以随意出入的。东汉末期，王允联手吕布杀董卓就发生在这里。

据探测，西安门的西侧门道在东汉和魏晋北朝时塌毁废弃，中央和东侧的两个门道继续使用。考古探测还发现西安门下面有一条高2米的砖砌隧道，可能是西汉皇帝的逃生密道，也有人推测是污水管道。

章城门
ZHANGCHENGMEN

汉长安城城门之一，为西城墙从南数第一座城门，又名"光华门"，王莽时改名为"万秋门"。遗址在未央区延秋门村东南约1000米。章城门遗址距离西南城角遗址650米，北距直城门1730米。

汉长安城章城门遗址

直城门
ZHICHENGMEN

直城门遗址发掘现场

　　汉长安城城门之一，为西城墙的中门，又名"直门"，王莽时改名为"直道门"。遗址在未央区周家河湾北、夹城堡村南。

　　直城门直通东西向大街——藁街，街北为桂宫，街南是未央宫，门外有建章宫，因此，直城门是连接西汉各宫室的重要城门。《汉书·成帝纪》记载，汉成帝刘骜做太子的时候，住在未央宫北的桂宫，他的父亲汉元帝在未央宫召唤他，刘骜匆匆出行，不敢跨越直城门大街上皇帝专用的"驰道"，因此一直沿着大街向西，由直城门上越过驰道，拐弯回来，向东进入未央宫作室门。

　　直城门和其他城门一样，有三个门道，门道宽8米左右，长约20米，各门道间距4米。城门被焚毁于西汉末年，南侧和中间门道从西汉末年被焚毁后就没有再使用过；北侧门道则不同，在门道中清理出同宣平门一样带有"石安××"的戳印砖，说明此门道在后赵时期还有过修缮，同时又出土了带有北周至隋代特征的素面抹光板瓦片，说明这个时期有过再一次的修缮。唐时三个门道全部被夯实封闭。

汉长安城直城门遗址

汉长安城城门之一，为西城墙从北数第一座城门，因与东墙北头第一门宣平门（东城门）相对，所以又叫"西城门"；又因为雍门外面北部有函里，所以又被称作"函里门"。王莽改称"章义门"。汉武帝建元三年（前138年），为通行茂陵方便在今咸阳市秦都区碱滩农场一带渭河之上建便桥，因此门同便桥东西相对，故也称"便门"。有文献认为"便门"是章城门，这是错误的。雍门遗址在未央区六村堡西南。

　　雍门南距直城门1970米，北距汉长安城西北角350米。唐时汉长安城西城墙被利用为唐禁苑的西墙，加之汉便桥到唐时犹存，称为"咸阳桥"，故此门仍是京城西北经咸阳桥渡渭河的一处较便利的门址，作为禁苑西墙南侧一门得以保存，据《长安图志》记载此门唐时改为延秋门。唐玄宗天宝十四载（755年），爆发"安史之乱"，次年六月十三日，唐玄宗携杨贵妃等从大明宫入禁苑出此门过便桥，仓皇逃离长安。

　　汉长安城城门之一，为北城墙从西数第一座城门，又名"光门""突门"，王莽时改名为"朔都门"。遗址在未央区相小堡村西。

　　横门西南距汉长安城西北角1310米，东距厨城门1190米。横门外3里为渭水，上有横桥，为秦时所建，连接渭河南北，是出入汉长安城的重要门户。横门内有东西二市，所以横门应是长安城12门中最繁华的一门，为汉长安城工商业重心所在，因此横门见诸史籍的记载很多。汉代初年，吕太后死后，汉文帝就是由高陵经横桥入横门，来到长安。汉宣帝时，匈奴呼韩邪单于来朝，也是从横桥入长安。丝绸之路开通后，西域各国商人、使节前来长安，也大多从横门出入。据《汉书·西域传》记载，汉昭帝元凤四年（前77年），改楼兰为鄯善国，立原来的楼兰王弟弟尉屠耆为王，当时汉王朝的丞相、将军等百官送尉屠耆到横门外，为他饯行。

　　同东面的宣平门一样，横门外也建有郭门，郭门名叫"棘门"，在渭河以北，本为秦时宫门，汉代修葺连缀，作为横门的郭门。棘门的军事位置相当重要，汉文帝后元六年（前158年），匈奴入侵上郡、云中，长安告急，汉政府急调三路大军布置于长安周围，其中一路就在棘门。

厨城门
CHUCHENGMEN

　　汉长安城城门之一，为北城墙从西数第二座城门，因门内有长安厨而得名。长安厨为京兆尹属官，厨官"主为官食"，并负责供应郡国侯神方士使者所立祭祠的食品，规模相当庞大。王莽时改厨城门为"建子门"。厨城门遗址在未央区曹家堡村西、唐家村南。

厨城门一号桥遗址（摘自《迈向世遗——西汉帝都未央宫遗址申遗之路》，文物出版社2014版）

据记载，汉代末年，赤眉军攻入长安时，更始帝刘玄正居住于长乐宫中的长信宫，仓促之间，刘玄只身从厨城门出逃，前往高陵。

洛城门 LUOCHENGMEN

汉长安城城门之一，为北城墙从东数第一座城门，又名"朝门"、"高门"（因此门正对咸阳塬上的高祖长陵，门附近有高庙街，故名高门）、"客舍门"（因门外临渭水有客舍）、"鹳雀台门"（因汉武帝在洛城门外建有鹳雀台而得名），王莽时更名"进和门"。遗址在未央区高庙村。洛城门东距汉长安城东北角2500米，西距厨城门1920米。

宫殿

长乐宫 CHANGLEGONG

汉长安城三大宫殿群之一。长乐宫位于汉长安城东南部，现在的阁老门村、唐寨、张家巷、罗寨、讲武殿、查寨、樊家寨和雷寨等村落，都处于长乐宫遗址范围内。因长乐宫地处未央宫之东，被称为"东宫"；又因为长乐宫在西汉大部分时间是太后居住的地方，皇帝常到这里朝见太后，被称为"东朝"。

长乐宫由秦兴乐宫改建而成，高祖七年（前200年）长乐宫成，刘邦徙居此宫，受理朝政。著名的军事家韩信就被吕雉谋杀在长乐宫。刘邦死后，汉惠帝移居未央宫，长乐宫就成为太后之宫，汉惠帝就经常到长乐宫向吕后请示；七国之乱时期，汉景帝也常"往来于东宫间"，就国家大事求教太后；汉武帝即位之初，也要随时请示太皇太后；西汉后期，外戚专权，东宫的态度更是成为时局演变的关键，长乐宫在政治上的分量堪比未央宫。王莽后期，长安屡遭战火，未央宫严重毁坏，长乐宫却幸免于难。更始帝到长安后就住在长乐宫。赤眉军攻入长安，刘盆子也是居住于长乐宫。东汉时期，皇帝到长安祭拜，也大都住在这里。

长乐宫是汉长安城内规模较大的一座宫殿建筑群，其范围今已探明，东墙长2280米，南墙长3280米，西墙长2150米，北墙长3050米，周长共计10760米，面积约6平方公里，约为长安城总面积的1/6。由于长乐宫是在秦兴乐宫的基础上修建起来的，缺乏系统的建筑规划，因此，长乐宫的平面不甚规整，除东西宫墙基本平直外，南北宫墙均有曲折，北宫墙在雷寨东向南转折，南宫墙曲折较多，在李上壕和李下壕之间向北凹进。

同未央宫一样，长乐宫宫城四面各辟一座宫门，以东门和西门最为重要，其外分别筑有阙楼，东边的为东阙，西边的是西阙。根据考古勘探，长乐宫中共有道路5条，南北向2条，东西向3条。其中位于罗寨村和樊家寨村南的东西向道路最为引人注目，这条道路横贯全宫，向东通至霸城门，向西与直城门大街相连，路宽45~60米，路面分为三道，中道表面较平，两侧路面略呈弧形，形制与城内主要街道相近。有学者推测这条道路应当就是连接东西阙的道路。长乐宫的主要宫殿建筑就分布在这条道路以南，以北应是池苑区。

凌室遗址

长乐宫地道遗迹

长乐宫遗址

　　据《关中记》卷三记载，长乐宫中有宫殿14座，但实际见于文献记载的有具体名称的建筑有：前殿、临华、温室、凌室、长信、长定、长秋、永寿、永宁、神仙、椒房、高明、通光、建始、广阳、中室、月室、大夏、长序等20余座宫殿，还有钟室、酒池、鱼池、鸿台、斗鸡台、走狗台、坛台、韩信射台等一些建筑，其中，有的建筑名称与未央宫内的建筑名称一样，如前殿、温室、椒房等。虽然建筑的数量、规模都比不上未央宫，但是作为太后居住的东宫，长乐宫的气派也非一般宫殿建筑可比。

长乐宫前殿
CHANGLEGONGQIANDIAN

汉代建筑名，是长乐宫建筑群中的主体建筑。长乐宫前殿规模宏大，据《三辅黄图》记载，长乐宫"前殿东西四十九丈七尺，两杼中三十五丈，深十二丈"，换算成今天的长度，分别为116.8米、82.3米、28.2米。前殿四周筑有墙垣，殿门在南面，门内有庭院，院中有南北道通到正殿之上，正殿两边对称分布着大小相同的东厢和西厢。

西汉初年，著名的叔孙通制定的朝仪就是在长乐宫前殿举行的。高祖七年（前200年），刘邦正式移都长安，十月，诸侯群臣来朝，在长乐宫前殿举行了盛大的朝仪活动。整个活动在叔孙通的掌控下进行：庭中列车骑步卒，设兵张旗帜，诸侯群臣在谒者引导下依次而进；文臣武将分立左右，场面宏伟，秩序森严。整个仪式气氛庄严，活动有序，场面宏大。刘邦不由感叹："吾乃今日知为皇帝之贵也。"

在连接霸城门和直城门大街的东西大道南侧，考古人员勘探出东西分布的三组大型宫殿建筑群，其中，樊家寨村南的东边宫殿建筑群遗址规模最大，东西宽116米，南北长197米。在这个遗址以西，就是通往南宫门和覆盎门的南北大路。考古人员从遗址的规模、布局结构和相关信息推断，它很可能就是长乐宫前殿遗址。

临华殿
LINHUADIAN

　　汉代建筑名，是长乐宫建筑群中的一座大殿，在前殿之后，位于汉长安城长乐宫的西北部，罗家村北约 120 米。

　　2003 年 10~12 月，中国社科院考古研究所对长乐宫四号建筑遗址进行了考古发掘。专家认为，这就是汉代的临华殿。该殿始建于西汉早期，晚期遭焚毁，后又加以重建，并一直沿用到西汉末年。在该遗址基础上，现建有博物馆，2007 年 6 月 9 日建成开放。它由两座钢构保护大厅组成，内部采用悬空式玻璃走廊，人在透明的走廊上，可看到脚下的两座编号为 F1、F2 的半地下式建筑遗址。F2 从北到南由附室、通道、楼梯间、主室和侧室组成。附室、主室和侧室均为有南北两室的套间。主室南间地面为红色，楼梯间台阶也是红色，主室向北经过通道可以到达庭院，也可通

长乐宫四号建筑遗址

过楼梯间到达宫殿的其他地方。站在悬空的玻璃走廊上，向下可以看到，这座建筑的墙壁是土坯砌成的，草拌泥的墙面粉着白灰。据博物馆介绍，这里曾出土了大量的壁画残片，表明该建筑具有皇家的建筑等级，可能是皇太后日常生活的处所。F1室内有40个排列有序的柱础石，柱础石均由普通河卵石将一面简单加工成平面制成，上层宫殿主要是由40根立于柱础石上的粗木柱支撑。室内地面放一层大卵石，卵石空隙填以细纱，在卵石上面涂一层10厘米的浆泥。四周的墙壁也是土坯墙，草拌泥的墙面粉有白灰。

大夏殿
DAXIADIAN

汉代宫殿名，是长乐宫建筑群中重要的建筑物之一，具体位置不详。

大夏殿因秦代的十二铜人而见诸史籍。《三辅旧事》记载，秦始皇统一六国后，将天下兵器聚集于咸阳，销毁融化铸成十二铜人，立于咸阳宫前。西汉刘邦定都长安之后，又将铜人移至大夏殿前。但是，据郦道元的《水经·渭水注》记载，十二铜人被刘邦立在长乐前殿之前。如果这两则记载都属实，则大夏殿可能就在长乐宫前殿的前面，或者大夏殿就是前殿的一部分。

汉代宫殿名，是长乐宫建筑群中重要的建筑物之一，位于长乐宫前殿之西，是太后或太皇太后居住的地方。西汉早期的窦太后（汉文帝皇后）就长期居住

长信宫
CHANGXINGONG

长信宫灯

于此，著名的长信宫灯就是在这里陪伴窦太后度过一个个漫漫长夜。长信宫灯原本属于阳信侯刘揭（前179年受封为侯）所有。后来刘揭的儿子刘中意在汉景帝时期参与"七国之乱"，失败后被废黜，封国与家财收归国有。长信宫灯也由封国被送入长安，由皇太后窦氏的宫殿长信宫浴府使用，所以长信宫灯铭文有"长信尚浴"的字样。可能中山靖王刘胜的妻子窦绾与窦太后有亲戚关系，因此，窦太后将长信宫灯送给窦绾，窦绾死后宫灯便随她葬入墓内，并于1968年出土于河北省满城县。长信宫灯是制作精美的青铜器。宫灯灯体为一个通体鎏金、双手执灯踞坐的宫女，神态恬静优雅。灯体通高48厘米，重15.85公斤。长信宫灯设计十分巧妙，宫女一手执灯，另一手袖子似乎在挡风，其实这袖子成为一个虹管，用以吸收油烟，这样既防止了空气污染，又有审美价值。

汉成帝时班婕妤失宠后住在长信宫。班婕妤是汉成帝的妃子，在赵飞燕入宫前，汉成帝对她最为宠幸。班婕妤极为贤德，汉成帝曾制作一辆双人辇车，希望与班婕妤同车出游，她拒绝说："看古代留下的图画，圣贤之君都有名臣在侧。夏、商、周三代的末主夏桀、商纣、周幽王，才有嬖幸的妃子陪坐，最后竟然落到国亡毁身的境地，我如果和你同车出进，那就跟他们很相似了，能不令人凛然而惊吗？"太后听到班婕妤的话非常欣赏，赞叹说："古有樊姬，今有班婕妤。"赵飞燕姐妹入宫后，班婕妤受到冷落。之后，许皇后因馋被废，班婕妤为避祸而自请前往长信宫侍奉王太后。班婕妤曾作《怨歌行》："裁为合欢扇，团团似月明。出入君怀袖，动摇微风发。常恐秋节至，凉飙夺炎热。弃捐箧笥中，恩情中道绝。"后人写有《长信宫怨》："人生若只如初见，何事秋风悲画扇。等闲变却故人心，却道故人心易变。骊山语罢清宵半，泪雨霖铃终不怨。何如薄幸锦衣郎，比翼连枝当日愿。"

20 世纪 70 年代，在长乐宫西部发现一座宫殿遗址，位于罗寨村北。宫殿基址东西长 76.2 米，南北宽 29.5 米，周有回廊，廊道方砖铺地，廊外置卵石散水。有学者认为这可能就是长信宫。

鸿台
HONGTAI

汉长安城中的高台建筑，位于长乐宫，具体位置不详。鸿台建于秦始皇二十七年（前 220 年），高 40 丈，约合 93 米，台上建有观宇。秦始皇经常登临此台射杀空中翱翔的飞鸿，因此取名为"鸿台"。西汉初年改建长乐宫时，此台依然存在，屹立于长乐宫中。汉惠帝四年（前 191 年），因火灾被焚毁。

永巷
YONGXIANG

汉代宫廷建筑名，后来改名"掖庭"，在长乐宫，具体位置不详。永巷是后妃居处，有着长长的巷子，故名"永巷"。见诸史籍的记载有：汉高祖刘邦死后，吕后专权，因怨恨刘邦的宠妃戚夫人，吕后命人将戚夫人囚禁在永巷，后来虐待至死。吕后在汉惠帝死后，扶持汉惠帝的儿子即位，孩子逐渐长大，知道吕后杀害了自己的母亲，有所不满，吕后就把这个少帝囚禁在永巷，对外声称皇帝病重，不让人探望。吕后用来囚禁戚夫人和少帝的永巷，应该在长乐宫。

到汉武帝时期，幸臣韩嫣出入永巷，有秽乱宫禁之嫌，被太后所杀。韩嫣出入的"永巷"应该是在未央宫。

未央宫
WEIYANGGONG

汉长安城三大宫殿群之一。未央宫位于汉长安城的西南部，现在的大刘寨、马家寨、小刘寨、柯家寨、周家河湾、东张村、卢家口等村落，都处于未央宫遗址范围内。因未央宫地处长乐宫之西，被称为"西宫"。未央宫是西汉王朝的皇宫，大部分皇帝都居住在这里；未央宫又是西汉王朝的权力中枢，因此被后世称为"紫薇宫"或者"紫宫"。

未央宫的建造开始于汉高祖七年（前 200 年），由丞相萧何主持，修筑了前殿、东阙、北阙及附近的武库、太仓等，到高祖八年已经初具规模。高祖九年（前198年），未央宫正式建成，在前殿举行了盛大的酒宴，发生了史书记载的"吾之产业孰与仲多"的故事，即汉高祖向父亲夸耀自己的财富与地位。汉惠帝刘盈即位，移居于未央宫，由此开启了汉代皇帝居住未央宫的时代。此后，王莽、东汉献帝，西晋、前赵、前秦、后秦、西魏、北周等各朝代的皇帝大都曾在此处理朝政。隋唐时期，未央宫被划入禁苑。唐武宗时重修了未央宫的一些宫殿，因此现存遗迹有很多是那时遗留下来的。

未央宫的规模很大。据实际探测，未央宫是一座形制规则、南北稍长、东西略短的方形建筑群，南北墙各长2250米，东西墙各长2150米，总周长为8800米，面积为5平方公里，约占汉长安城总面积的1/7，比长乐宫要稍小一些。由于未央宫一开始就是作为正式皇宫修建的，因而占据着汉长安城中的最高位置龙首原。龙首原北起渭水南岸，南达今长安区南的樊川，长60余里。

未央宫中央官署遗址展示

未央宫西宫门遗址

原北为头，原南为尾，头高 20 丈，尾渐低，仅高五六丈。未央宫就坐落在高耸的龙头之上，整个宫城巍峨崔嵬、气势磅礴。

未央宫四隅筑有角楼，是防御性的建筑，驻扎着守卫宫城的士兵。宫城四面各开一座宫门，称公车司马门，此外还有 14 座掖门，即边门。四座司马门的遗址已经进行了考古勘测，确定了具体位置，东司马门位于大刘寨村东南，西司马门在卢家村中部，南司马门在未央宫东南角以西 850 米，北司马门在未央宫西北角以东 1300 米。掖门的遗址也有发现。未央宫内道路很多，目前已经探明的道路共有 5 条，将未央宫分成 7 个区域，各区域建筑各不相同。

未央宫内建筑鳞次栉比。高祖以后，直到汉武帝时期，未央宫内新的建筑一直在陆续增加。汉文帝以前就兴修了曲台、渐台、承明等建筑，汉武帝时，又增修了高门、武台、麒麟、凤皇、白虎、玉堂、金华等建筑。《西京杂记》说未央宫有台殿 43 座，《长安志》则列出殿台观阁等 70 多座建筑。未央宫主要建筑有前殿、温室、凌室、织室、曝室、天禄阁、石渠阁、宣室殿、麒麟殿、椒房殿、金华殿、承明殿、高门殿、白虎殿、玉堂殿、宣德殿、朝阳殿、柏梁台以及鱼池、酒池等。各殿之间都有"复道"相通，以备缓急。

未央宫的设计原则是"非壮丽无以重威"。萧何修建未央宫，金铺玉户，重轩镂槛，宫阙壮丽无比，汉高祖刘邦都认为奢华得过分了。萧何解释了原因：第一，"天子以四海为家，非壮丽无以重威"，也就是说，恢宏壮观的宫殿体现的是天子的威风；第二，"无令后世有以加也"，将宫殿建造得壮丽无比，后代就不用时时增修补建了。

未央宫前殿
WEIYANGGONG QIANDIAN

汉代宫殿名，是一组富丽堂皇的高台建筑，位于未央宫正中，是未央宫的主体建筑，依龙首原修建。前殿东西长50丈（合117.5米），南北宽15丈（合35.25米），高约35丈（合82.35米）。到汉武帝时期，前殿被装饰得奢侈无比。

未央宫前殿遗址（2012年）

前殿为西汉一代大朝之地，是未央宫中最雄伟、最堂皇也是最重要的宫殿，只有隆重的国家大典（如皇帝登基、丧事等）、重要的朝会，才在此举行。在这里，汉高祖摆过盛宴，大会诸侯群臣，为太上皇祝寿，他说："父亲原来常批评我不务正业、不治产业，不如你的二儿子。现在你比较一下，我的家产和老二的家产谁的多？"殿上群臣都高呼万岁。刘邦死后数年，他的儿子汉文帝坐在前殿，颁诏宣布诸吕之乱已被平息，由自己继承皇位。西汉末年，前殿毁于大火。

未央宫前殿遗址是汉长安城最重要的宫殿遗址，也是中国历史上保存最为完整、规模最大、最有代表性、时代较早的高台宫殿建筑遗址。遗址位于西马寨村北，现存遗址南北长约350米，东西宽约200米，北端最高处达15米，形状南北长、东西窄，由南往北有三个大台面，依次增高。从台基南端徐步上升，站在宛如小山的台基北部，可以一览无余地眺望汉长安城全貌。

未央宫前殿遗址航拍图（摘自《迈向世遗——西汉帝都未央宫遗址申遗之路》，文物出版社2014版）

宣室殿
XUANSHIDIAN

汉代宫殿名，是未央宫的正堂，是未央宫建筑群中重要的建筑物之一。宣室殿在前殿以北，是西汉皇帝日常起居的地方。汉武帝时期，东方朔曾在宣室劝谏皇帝，不许以男色取悦帝姑馆陶公主的董偃进入宣室。所以，宣室殿又被称为"布政教之室"。

宣室殿装饰极尽奢华，正殿台阶与栏杆均用和田玉制造，甚至连瓦当当头也为宝石镂刻而成，就连墙壁内都镶嵌有纯金的金带，远远观之，金碧辉煌。

汉文帝在这里召见著名文士贾谊，二人盘坐于席上，谈至深夜。刚开始，贾谊以为汉文帝是想听自己的政治主张，是为苍生着想。可没想到汉文帝丝毫没谈国家社稷之事，而是问了大半夜的关于自己寿命几多、时日凶吉之类的问题。而且，汉文帝对鬼神之事听得太入迷、太投入了，不知不觉地把身子欠了起来并向贾谊的方向一点点前倾过去。谈完之后，汉文帝评价贾谊说："我很久不见贾生了，自以为我的学问要比他高了，现在发现我仍然比不上他。"唐代诗人李商隐就汉文帝在宣室殿召见贾谊一事，写诗一首："宣室求贤访逐臣，贾生才调更无伦。可怜夜半虚前席，不问苍生问鬼神。"宋代王安石也有《贾生》诗："一时谋议略施行，谁道君王薄贾生？爵位自高言尽废，古来何啻万公卿！"二人所持观点明显有别。

温室殿
WENSHIDIAN

汉代宫殿名，是未央宫建筑群中重要的建筑物之一，位于未央前殿之北、宣室东侧。温室殿是汉武帝时所建，是皇帝冬天居住的暖殿，里面的装饰和摆放的物品都是各种防寒保温的特殊设备。据《西京杂记》记载，温室殿内壁是用椒粉和泥涂抹的；殿中的木柱子是桂木，散发着清香；殿门口悬挂着由鸿雁羽毛织成的帷帐，搁放着能反射艳丽光彩的云母屏风；殿中地面上铺着西域地毯。

清凉殿
QINGLIANGDIAN

汉代宫殿名，又名延清殿，是未央宫建筑群中重要的建筑物之一，位于未央前殿之北、宣室西侧。清凉殿也是汉武帝时所建，与温室殿相反，清凉殿是皇帝夏天居住的凉殿。殿内的装饰和摆放的物品都是降温防暑的东西，以玉石之类的清凉之物为主。史书记载，汉武帝时的宠臣董偃夏天常在清凉殿休息，他躺在文如画锦的玕石床上，床上罩的是晶莹剔透的紫色琉璃帐，床边陈放着紫玉雕成的盛冰用的龙状大盘，膝上随意放置着一只玉晶盘，盘里盛放着刚从凌室取出的降温用的冰块。由于冰玉同色，真假难辨，侍从误以为冰块直接放在董偃膝上，担心冰融化后弄湿董偃的衣服和床席，因此，用手一扫，结果玉盘坠地，冰玉俱碎。

白虎殿
BAIHUDIAN

汉代宫殿名，是未央宫建筑群中重要的建筑物之一。白虎殿修建较晚，汉史中有关白虎殿的记载多在西汉晚期。《汉书》及其他史籍均未说明其具体位置，但从字面看，应是位于未央宫西部的殿堂。

白虎殿是西汉晚期皇帝政治活动的重要场所。河平四年（前25年），匈奴单于来长安，朝谒汉成帝于白虎殿。白虎殿还是皇帝召见直言之士为其统治出谋划策之地，唐代张九龄《故刑部李尚书挽词》中"论经白虎殿，献赋甘泉宫"，就说明了白虎殿的这个功能。王莽当政后，曾在白虎殿大摆酒宴，慰劳将帅，封官拜爵。白虎殿也是西汉晚期皇帝日常起居的重要场所，史书记载汉成帝就卒于白虎殿，可见白虎殿在西汉晚期是未央宫中一座相当重要的宫殿建筑。正因为这样，西汉晚期的皇亲国戚大治第宅都以仿照白虎殿的建筑为追求目标。如成都侯王商就在园中堆起土山建台，营筑仿造白虎殿形制的宫室，差点遭到杀身之祸。

椒房殿
JIAOFANGDIAN

汉代宫殿名，是未央宫建筑群中重要的建筑物之一，位于未央宫北部的后宫区，是后宫主殿。椒房殿是皇后居住的宫殿，因其墙壁用椒粉和泥涂抹而得名。用椒泥涂墙，可以使墙壁呈现暖色，且能散发一定的香味，又能起到防虫防蛀的作用。

考古发掘表明，椒房殿位于前殿基址以北 350 米处，是一组规模宏大的建筑基址，由正殿、配殿和附属建筑三部分组成。其中，正殿夯土台基平面为长方形，东西长 50 多米，南北宽 30 多米，面积为 1500 多平方米。台基周围有壁柱，并有回廊环绕。正殿南有双阙，东西相距 23.5 米，东西各有一条上殿的慢坡道。正殿北有庭院，平面也是长方形，周围有踏道、回廊、散水、水井等遗迹。东西两侧分别发掘出夯土台基、院落、厢房遗址等。在这里，首次发现巷道以及上殿的空心砖踏步，宫殿全部用砖铺地，墙壁用白灰粉刷，可见当时这座建筑是非常华丽的。由于椒房殿是皇后居住的宫殿，所以"椒房"也就成为皇后的代称。汉文帝窦皇后就曾在此居住，汉成帝刘骜的第一任皇后许皇后先前住于椒房殿，后被打入冷宫——昭台宫。

椒房殿遗址展示效果

掖庭殿
YETINGDIAN

　　汉代宫殿名，是未央宫建筑群中重要的建筑物之一，位于未央宫北部的后宫区。掖庭殿是妃嫔居住的宫殿，因"在天子左右，如肘膝"而得名。《汉官仪》说："婕妤以下，皆居掖庭。"可见掖庭殿中居住的人还是很多的，虽然规格比不上椒房殿，但其规模可能要比椒房殿大。

昭阳殿
ZHAOYANGDIAN

　　汉代宫殿名，是未央宫建筑群中重要的建筑物之一，位于未央宫北部的后宫区。与居住在椒房、掖庭的妃嫔相比，居住在昭阳殿的妃嫔地位要低一些。昭阳殿也是汉武帝时期修建的，汉武帝把后宫设为 8 区，有昭阳、飞翔、增成、合欢、兰林、披香、凤凰、鸳鸯等，后又增修安处、常宁、茝若、椒风、发越、蕙草等殿，共计 14 区。同时，也将后宫女子相应分为数等，给予不同的名号，按其等级不同分居于各殿之中。14 区中，又以昭阳殿地位较高，也更加豪华。

　　昭阳殿建筑十分考究，奢华居后宫诸殿之首。昭阳殿的墙壁也是以花椒粉和泥涂抹，整个宫殿涂上光亮照人的朱红漆。大殿的椽梁之上，雕刻着蛇龙纹饰，龙鳞蛇甲，分外鲜明。墙壁露出的横木之上，镶嵌着醒目的鎏金铜沓，铜沓上还装饰有蓝田美玉制作的玉璧及闪闪发光的明珠和墨绿色的翡翠。昭阳殿的窗是用绿色琉璃制作的，门帘以五光十色的珍珠串连而成。清风徐来，门帘摆动，宝珠轻碰，声如珩佩，如临仙境。门帘挑起，闯入眼帘的是硕大的铜铺首和鎏金的铜门槛。殿上陈列着跃跃欲飞的九条金龙，龙口之中各衔一枚九子金铃。雕画精细的屏风背后，陈设着清雅的玉几和玉床。

　　汉成帝时期，赵飞燕姊妹初入宫时就曾居住于此殿，后来赵飞燕当上皇后，赵合德独居昭阳殿。白居易《长恨歌》诗有："昭阳殿里恩爱绝，蓬莱宫中日月长。"以"昭阳殿"代指后宫妃子的居住地。宋代辛弃疾《贺新郎·听琵琶》词也有："马上离愁三万里，望昭阳，宫殿孤鸿没。"从听琵琶写到了昭君出塞，想象着昭君离家到三万里之遥的异域，途中痴痴地望着一只孤雁向昭阳宫殿的方向飞去，直到它在云间隐没。这里的"昭阳殿"泛指汉代宫殿。

　　汉代建筑名，是未央宫建筑群中重要的文化类建筑物之一，位于未央宫北部，其遗址在今未央宫乡小刘寨西北。麒麟阁也称麒麟殿。据说在汉武帝时，人们捕获了一只麒麟，这在当时确实是一件大事情，为了纪念这件事，汉武帝下令修筑了这座建筑物，并将麒麟的图像绘于殿阁的墙壁之上。麒麟阁内的壁画十分有名，除了绘有麒麟的壁画之外，还有西汉功臣的画像。汉宣帝甘露三年（前51年），匈奴单于来到长安谒见天子。皇帝为了纪念这件事，将霍光、张安世、韩增、赵充国、魏相、丙吉、杜延年、刘德、梁丘贺、萧望之、苏武等 11 人的图像绘于麒麟阁上，称为"麒麟阁十一功臣"。这是中国古代图画功臣制度的开端。

汉哀帝时期，曾在麒麟阁宴请宠臣董贤及其亲属，汉哀帝喝多了，说："我想效法古代的尧禅让天下给舜的故事，把天下禅让给董贤，怎么样？"当时大臣王闳在侧服务，直接制止了这个提法，汉哀帝很不高兴。麒麟阁也是藏书之地，大文人扬雄曾在此校阅图书。

石渠阁 SHIQUGE

汉代藏书阁名，是未央宫建筑群中重要的文化类建筑物之一，位于未央宫西北部，是汉长安城中的高台殿阁建筑，其遗址在未央宫乡小刘寨村西南、周家河湾村东。

石渠阁由西汉丞相萧何主持营建，因阁下有石头砌成的水渠，故名石渠阁。石渠阁实际是西汉时代中央政府的图书馆和档案馆之一。甘露三年（前 51 年）汉宣帝诏诸儒在阁中讲五经同异。汉成帝时，遣谒者陈农"求遗书于天下"，所征集到的图书就收藏在这里。由于石渠阁中有大量图书和档案材料，许多著名学者、文人都曾到此查阅资料。西汉中晚期，石渠阁又成了长安城的学术讨论中心，学者们在这里谈古论今，著名的学者刘向就曾"讲论五经于石渠（阁）"。

石渠阁遗址迄今还在，在未央宫前殿西北，存有夯土台基，南北长 65 米，东西宽 67 米，高约 8 米。石渠阁遗址曾出土过"石渠千秋"瓦当。遗址附近，汉代的筒瓦、板瓦、回纹和菱形纹的铺地方砖残块，以及云纹、"长生无极"瓦当，至今仍时有发现。

"石渠千秋"瓦当拓片　　　　石渠阁遗址

天禄阁
TIANLUGE

　　汉代藏书阁名，是未央宫建筑群中重要的文化类建筑物之一，位于未央宫北部，是汉长安城中的高台殿阁建筑，其遗址在未央宫乡小刘寨村，西距石渠阁 520 米。

　　天禄阁据说也是由萧何主持修建的，其功能主要是存放文史档案，也藏有许多重要典籍。汉成帝时，曾命学者在天禄阁进行过一次大规模的图书整理和校勘工作。当时，由光禄大夫刘向负责校经传、诸子诗赋，步兵校尉任宏负责校兵书，太史令尹咸负责校占卜之书，侍医李柱国负责校医药之书。每一册书校勘完成，刘向便条其篇目，总其旨意，录而奏之。刘向死时，这项工作还未完成，汉哀帝命令其子刘歆继承父业。刘歆于是总括群篇，撮其旨要，著成我国历史上最早的目录学著作——《七略》，涉及的图书典籍达 33090 卷。除此之外，西汉时代不少著名学者，如辞赋家、哲学家和语言学家扬雄也曾在天禄阁校书，由于他的学生刘棻及甄丰和甄寻父子反对王莽，扬雄受到牵连。被抓捕的时候，扬雄情急之下便从天禄阁跳了下去。

天禄阁遗址位于未央宫前殿正北约1公里处，为一座高约六七米的夯土堆，略呈立方形，残存的台壁上挂满青藤，台上有一小祠，人称刘向祠。天禄阁遗址曾出土过天禄阁瓦当。

天禄阁遗址

汉代宫殿名，是未央宫建筑群中重要的建筑物之一，位于未央前殿之东。承明殿是皇帝的"著述之所"，有宫廷顾问官值宿。汉昭帝去世后，霍光和大臣们在承明殿废黜荒淫无度的昌邑王刘贺。当时，年轻的孝昭皇太后先从长乐宫来到未央宫承明殿。刘贺朝见太后完毕，乘辇车回到温室殿，中黄门（宦官）趁机把他软禁在温室殿，将他与原昌邑人马隔开，听候发落。孝昭皇太后就坐在警卫森严的承明殿武帐中，听取群臣对刘贺的控告。刘贺被废后离开承明殿，出金马门，拜别相送的群臣，然后就乘舆副车出宫而去。

金马门 JINMAMEN

汉代建筑名，是未央宫建筑群中重要的建筑物之一，位于未央宫中轴线上、前殿正北。金马门为未央宫北宫门，历史记载多次提到此门。金马门原名"鲁班门"，因汉武帝喜欢大宛良马，下令仿照此马铸成了一匹金光闪闪的铜马，安放在鲁班门前，更名鲁班门为金马门。金马门是文人才子进入仕途的重要途径，为学士待诏之处。汉代学者东方朔、主父偃、严安、徐东、刘向、张子侨、华龙、柳褒、南捐等人，都曾待诏金马门。东方朔有《据地歌》说明其"大隐隐于市"的思想，其曰："陆沉于俗，避世金马门。宫殿中可以避世全身，何必深山之中、蒿庐之下？"

织室 ZHISHI

汉代官署名，是未央宫建筑群中织作各种高级文绣织品的手工作坊，坐落在未央宫西北。织室属少府管辖，专门为宫中织作缯帛和文绣郊庙之服。织室的主管官吏有令、丞，属吏有令史等。

未央宫少府(或其所辖官署)遗址鸟瞰(摘自刘庆柱、李毓芳《汉长安城》,文物出版社2003版)

织工多为官奴婢,贵族妇女犯罪,常常被输往织室。汉宣帝时,织室规模相当庞大,分为东织、西织。汉元帝时,东西织室岁费各达 5000 万,而产品远不及齐三服官。由于织室的工徒很多,未央宫中专门为她们单开一门叫作室门。与织室相关的有暴室,是属于织作的染练之署,和织室一样,坐落在未央宫西北。

少府遗址展示

柏梁台
BAILIANGTAI

汉代高台名。柏梁台是汉长安城中较早的大型高台建筑，位于未央宫北阙内南北大道西侧。柏梁台是汉武帝元鼎二年（前115年）修建的，以柏木为梁而得名。因为台顶安放了一尊巨大的铜凤凰，又称"凤阙"。柏梁台高20余丈，铸铜为柱，由于用香柏木建成而香气四溢。

据《汉武帝故事》记载，修建柏梁台的起因是要祭祀神君。神君本为居住于长陵的一个女子，其子夭折，她痛心而亡，后来显灵成神。老百姓在神君像前祈福，多有应验。据说汉武帝的外祖母平原君臧儿就曾祈福于神君，后来终于得偿心愿。汉武帝即位后，太后在宫中祭祀神君，只闻其声，不见其人。于是汉武帝为神君营建了柏梁台。柏梁台既因祭祀鬼神而起，迷信色彩十分浓厚，装饰华丽，登临其上，宛若置身仙境。汉武帝太初元年（前104年），柏梁台因遭雷击而毁于火灾。按照当时人们的认识，如果楼台被烧，则需要修建规模更宏伟、体量更大的建筑，才能消灾避祸。于是，汉武帝决定在汉长安城西建造建章宫。

柏梁台是武帝时汉长安城进入大规模建设时期的标志，柏梁台建成后，一幢幢更加富丽堂皇的宫殿相继出现。柏梁台遗址可能在未央宫前殿遗址西北的卢家口村东。

建章宫
JIANZHANGGONG

　　汉长安城三大宫殿群之一。位于汉长安城西，遗址范围大致包括今西安市三桥镇以北的高堡子、低堡子、双凤村、太液池苗圃、柏梁村、孟庄一带。

　　建章宫是汉武帝太初元年（前104年）修建的。当时，未央宫柏梁台因火灾被毁，一个名叫勇之的广东巫师向汉武帝建议：根据南方风俗，楼台被烧，则需要修建规模更宏伟、体量更大的建筑，才能消灾避祸。汉武帝即以此为由，在长安城西开始修建规模宏伟的建章宫。汉武帝时期，经过文景之治，政府的经济实力远远超过修建未央宫的西汉初年，因此建章宫无论在规模上还是华丽程度上，都超过了未央宫。司马迁在《史记》中记载，建章宫千门万户，其前殿要远远高于未央宫前殿。建章宫的东面有凤阙；西面是唐中，有方圆数十里的虎圈；北面则是太液池，池中有蓬莱、方丈、瀛洲、壶梁等，象征着海中的仙山、神龟、大鱼；南面有玉堂、璧门、大鸟、神明台、井干楼等金碧辉煌的建筑。

　　建章宫是汉武帝后期活动的主要宫室。汉武帝每次外出巡游回到长安，都先要到建章宫，一些重大的政治决策也是在这里制定的。征和二年（前91年）秋，巫蛊事件爆发，戾太子被迫起兵诛杀江充，引发长安城中一次极为严重的动乱。当时汉武帝正在甘泉宫养病，听到消息后，立即回到建章宫，亲自布置应急事宜，很快平息了这场动乱。汉武帝的儿子汉昭帝即位之初，也将建章宫作为自己活动的主要区域，直到元凤二年（前79年）四月，汉昭帝从建章宫迁到未央宫，建章宫才逐渐淡出西汉的政治舞台。

王莽地皇元年（20年），为了建造九庙，拆除了建章宫除神明台、凤阙等少数建筑之外的大部分宫殿台榭，建章宫遂成为历史遗迹。自始至终，建章宫在汉长安城西存在了125年。

建章宫周围筑有宫墙，长20余里，四面各有一座宫门，除西宫门外，南、东、北宫门的建筑都以雄伟高大著称。内部宫殿建筑很多，各具特点。据《三辅黄图》记载，有玉堂、神明、疏圃、鸣銮、奇华、铜柱、函德等26殿和骀荡、馺娑、枍诣、天梁、奇宝、鼓簧等6宫，还有太液池、唐中池、孤树池和琳池等园林。

现今，建章宫范围尚存并可确认的遗址有前殿、凤阙、神明台和太液池等。考古队在建章宫遗址小范围区域进行了考古发掘，取得了可观的成果。所发掘遗址为一号遗址，地处建章宫内太液池西岸。发掘面积2420平方米。遗址从南向北由三部分组成，即南部庭院、主体建筑与北部庭院。南部庭院南北长32余米，东西宽24余米；地面平坦，推测原来地面应有铺砖，现仅在东北部残存少量方砖，其他地方局部残存着铺砖泥痕；庭院的北部为一东西向廊道，东西现存10.98米，南北宽近2米，廊道地面铺砖。主体建筑位于发掘区的中部，现清理部分平面大致呈曲尺形，东西约26米，南北约73米；主体建筑由南北两部分组成，南部建筑由五个房间和过廊等组成，北部建筑所清理部分东西长

建章宫遗址出土的十二字瓦脊

14.7~22.7 米，南北宽 28 余米；地面铺砖，铺砖多为素面方砖，个别为小方格纹方砖。北部庭院位于北部建筑西部，清理部分南北约 24 米，东西约 10 米；出土遗物多为汉代的砖、瓦及瓦当残块，并有大量的五铢钱范残块。若把整个建章宫都发掘完，其考古成果一定是十分惊人的。

建章宫前殿
JIANZHANGGONGQIANDIAN

汉代宫殿名，建章宫的正殿，也叫玉堂殿，是建章宫建筑群中重要的建筑物之一，位于别风阙和井干楼以北。前殿建筑高大巍峨，宏伟壮丽，班固在《西都赋》中称赞："尔乃正殿崔嵬，层构厥高，临乎未央。"意思是：建章宫前殿非常高大宏伟，站在前殿之上，连修建于龙首原上的未央宫都尽收眼底。据记载，建章宫前殿有门 12 座，殿顶装饰有鎏金铜凤。

建章宫前殿遗址在今高堡子和低堡子一带。这里曾勘测出一处大规模建筑基址，东距凤阙遗址 700 米，南北长 320 米，东西宽 200 米，北高南低，北部高出地面 10 余米。

骀荡、驱娑、枌诣、天梁等宫殿分布在前殿的北面。骀荡宫位于前殿东北，以景色优美而著称。驱娑宫与骀荡宫相邻，驱娑宫规模很大，"驱娑"形容马奔跑迅速，据说马在驱娑宫中飞驰一日才能周游一圈。枌诣宫与天梁宫也在骀荡宫附近，大致位于前殿北部。"枌诣"，木名，因宫中美木茂盛而得名。天梁宫则以"梁木至于天"而得名，形容其高大。前殿之西有广中殿，规模巨大，可容万人。前殿近侧有奇华殿，因收藏有边疆少数民族及域外各国奉献的各种珍贵礼物而得名。鼓簧宫位于前殿西北，为帝王鼓簧作乐之处，规模不大，周匝仅有 130 步。

汉代建筑名，是建章宫建筑群中重要的建筑物之一。此门是建章宫的南宫门，也是正门，"阊阖"意即"天门"。阊阖门的台阶均由玉石垒砌而成，门楼上的椽头也镶嵌着玉璧，从外表上看，整个南宫门就好像是一座由璧玉筑成的大门，因此又称为"璧门"。

阊阖门是建章宫中最为豪华的宫门建筑。据《水经·渭水注》记载，阊阖门有三层门楼，共高 30 余丈，门楼有大殿 12 间，楼顶之上装饰着高达 5 丈的鎏铜凤凰，在阳光下闪闪发光，振翅欲飞。

长安城外高台建筑名，是建章宫建筑群中重要的建筑物之一。位于建章宫内，又名凉风台。建章宫的门阙很多，在其正门阊阖门之内还有次门，叫女阙（又名别风阙、折风阙，高 50 丈，因其高出宫墙，能辨识风向，故名）。女阙之西，与之相对的就是井干楼。井干楼高为 50 余丈，垒木搭造，形状似井口边上的木栏，有八角，因此称为"井干楼"。井干楼完全是木结构的高台，在空中有阁道与女阙相连接，阁道高耸突兀、盘旋曲折，雕刻有五彩缤纷的云纹和各种珍禽异兽图案。

凤阙
FENGQUE

长安城外高台建筑名，是建章宫建筑群中重要的建筑物之一。位于建章宫东宫门外，高25丈，因其上装饰有鎏金铜凤凰而得名。据说铜凤凰能随风向转翅，并根据风力大小发出不同的声音，可能是测量风向、风速的仪器。

凤阙遗址至今尚存，位于建章宫前殿遗址以东700米、长安城以西300米，今未央区双凤村东南。基址为东西两个大土堆，相距53米，夯土层清晰可见。其中西阙基址保存完好，底径17米，高11米，东阙底径仅约9米，高4米。凤阙在汉魏时期是吉祥物，民歌有："长安城西有双阙，上有双铜雀，一鸣五谷生，再鸣五谷熟。"其中的"双阙"就指的是建章宫东门外的凤阙。

建章宫北宫门外也有一座形制、规模与凤阙相同的阙，称为圆阙，毁于西汉末年的战火之中，因而没有凤阙著名。

神明台
SHENMINGTAI

长安城外高台建筑名，是建章宫建筑群中重要的建筑物之一。位于建章宫前。神明台与建章宫的另一座高台建筑井干楼一样，均高50余丈。由于汉武帝特别追求神仙之道，他不惜斥重资去营建一系列接待仙家的建筑，神明台就是其中一项规模较大的工程。台中常置九天道士百人，以便随时和神仙通话。

神明台上安置着一座铜柱仙人像，铜仙人手掌托着一个巨大的承露盘来收集仙露。仅这个铜制的承露盘就高20丈，大7围。由此可见神明台的宏伟壮丽。时人认为，每天喝下混着玉屑的仙露，就可以求得长生。

神明台保持了300多年，到魏文帝曹丕在位时，承露盘仍然存在。曹丕想把它搬到洛阳，但是由于铜盘过大，搬动时不小心折断，据说折断时的声音很大，数十里外都能听到。承露盘勉强被搬到灞河边，因其太重而无法挪动，最后被弃置河边，后来不知所终。

汉神明台遗址为国家重点文物保护单位，有着2000多年的历史。由于自然侵蚀和人为破坏，现在仅存有夯土台基，台上建筑已荡然无存。

桂宫
GUIGONG

汉长安城内宫殿名，建于汉武帝时期，在未央宫北，南邻直城门内大街，北至雍门内大街，西靠西城墙，东近横门内大街。

桂宫的南门叫龙楼门，因门楼上装饰有铜龙而得名。龙楼门南隔直城门内大街与未央宫西北的作室门相对。桂宫的居住者为太子或当朝皇帝的祖母太皇太后。汉成帝为太子时就居住在桂宫，有一次汉元帝紧急召见太子，太子由龙楼门出桂宫，横跨直城门内大街就可进入未央宫作室门。但是由于直城门内大街中间的驰道为天子专用，旁人不得逾越，所以太子只好先向西出直城门，由直城门上越过驰道，再折返向东入作室门。汉元帝不因太子迟

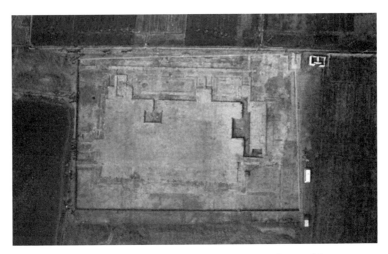

桂宫2号遗址鸟瞰（摘自刘庆柱、李毓芳《汉长安城》，文物出版社2003版）

到而生气，反而认为太子循规蹈矩、尊重皇帝权威而非常高兴，特准太子以后可以跨越驰道。汉哀帝的祖母傅太后也曾居住桂宫，建平三年（前4年），傅太后所居的桂宫鸿宁殿发生火灾。

桂宫的规模虽然较之未央宫和长乐宫要小得多，但装饰仍旧奢华无比。明光殿是其中一个主要宫殿，其帘箔皆用金玉珠玑编织而成，台阶用洁白的玉石砌成，护阶用黄金筑就。据《西京杂记》记载，桂宫建好后，汉武帝曾将七宝床、杂宝案、厕宝屏风、列宝帐四件稀世珍宝藏于宫中，时人谓之"四宝宫"。同时，为了方便游乐，桂宫有凌空阁道与城内的未央宫、明光宫、长乐宫和城外的建章宫相联系。桂宫被破坏是在东汉光武帝建武二年（26年），这年九月，赤眉起义军东还长安，刘盆子居桂宫，汉大司徒邓禹偷袭桂宫，夜战蒿街。此后，桂宫就不见于文献记载了。

桂宫遗址及其内部布局目前已经基本勘探清楚，其遗址范围大致在今夹城堡村、民娄村、黄庄、铁锁村一带。桂宫周围筑有宫墙，平面呈长方形，东西宽880米，南北长1800米，周长为5360米。桂宫的北、南、东各有一座宫门，建筑主要分布在宫城南部。1998年4月，中日考古学者在桂宫发掘出一座大型建筑遗址。该遗址为一大殿，位于未央区夹城堡村东，在桂宫的南端偏西，距离南宫墙约100米。该大殿遗址东西长84米，南北宽56米；主殿坐北朝南，南侧有东西两个门道，分别用花纹砖和素面砖铺砌；门道之间有宽阔的砖砌的庭场，以及用卵石和瓦片砌筑的散水；主殿西北和东北部有带回廊、散水的天井院，其中西院房内还有一个浅坑，据推测可能是澡坑。这种规模和形制，在当时来说是相当豪华的。

桂宫遗址

汉长安城内宫殿名。汉高祖时创建，汉武帝时增修，位于汉长安城直城门内大街以北225米、雍门内大街以南35米、厨城

门内大街以东 50 米、安门内大街以西 40 米。北宫主要是被废贬的皇后的居所。西汉初年，吕太后死，她的外孙女兼儿媳孝惠张皇后就被废于北宫。西汉末年，哀帝薨逝，王莽贬皇太后赵飞燕为孝成皇后，赵飞燕随后退居于北宫。

北宫也曾居住过太子，有太子宫，宫内有甲观、丙殿等建筑，甲观之中还有画堂，汉元帝为太子时就居住于此，其妃王政君就是在太子宫甲观画堂中生下了汉成帝。北宫也是皇帝游乐之所。汉武帝曾在北宫修建寿宫，悬列羽旗，摆设供案，以祭祀神君。汉武帝还曾在北宫置办酒席，招待宠臣董偃。汉昭帝驾崩后，昌邑王刘贺即位，刘贺不思进取，整日与一帮近臣大张旗鼓地在桂宫和北宫寻欢作乐。

北宫的遗址范围在今讲武殿村、施家寨、周家堡、曹家堡一带。从发掘报告来看，北宫周围有夯筑宫墙，墙宽 5~8 米，夯层厚 10 余厘米。宫城平面为规整的长方形，南北长 1710 米，东西宽 620 米，周长为 4660 米，宫城南北各开宫门一座。

明光宫
MINGGUANGGONG

汉长安城内宫殿名。修建于汉武帝太初四年（前 101 年），位于长乐宫北，具体地点尚不清楚，一般认为明光宫当在清明门内大街以北、宣平门内大街以南、安门内大街以东、东城墙以西的范围之内。

若班固《西都赋》和张衡《西京赋》叙述属实，明光宫与长乐宫、桂宫、未央宫之间应有阁道相连。明光宫是汉代宫女的安置地。西汉后期宫女人数越来越少，明光宫也逐渐变得冷清。

到汉成帝时期，皇太后的亲兄弟成都侯王商曾向汉成帝借用明光宫避暑。汉平帝元始元年（1年），明光宫被罢，逐渐废弃。但是，王莽篡位建国之后，又将明光宫改为安定馆，将孝平皇后移到此处安身。

后世常以"明光宫"指代宫殿、帝王，如王维《燕支行》有："汉家天将才且雄，来时谒帝明光宫。万乘亲推双阙下，千官出钱五陵东。"

汉代宫殿名，在长安城外。长门宫原为汉武帝姑母馆陶长公主刘嫖（亦称窦太主）的私家园林，以长公主情夫董偃的名义献给汉武帝改建而成，作为皇帝祭祀时休息的地方。长门宫之前称园，后改为宫，可见是一座苑囿和宫殿俱佳的园林，风景优美。后来刘嫖的女儿陈皇后被废，离开未央宫椒房殿，迁居长门宫，忧郁而死。

南朝时，萧统编《文选》，收录有《长门赋》，传说是陈皇后不甘心被废，花费千金求司马相如所作。《长门赋》使长门之名千古流传，长门宫亦成为冷宫的代名词。文人常以"长门"为题，创作诗篇，除司马相如的《长门赋》之外，还有陆游的《长门怨》等。李白写有《妾薄命》，以陈皇后与汉武帝感情变化为主线，说明"以色事人"不得善终的问题，其中就提到了长门宫：

汉帝重阿娇，贮之黄金屋。

咳唾落九天，随风生珠玉。

宠极爱还歇，妒深情却疏。

长门一步地，不肯暂回车。

雨落不上天，水覆难再收。

君情与妾意，各自东西流。

昔日芙蓉花，今成断根草。

以色事他人，能得几时好？

官署

单于邸
CHANYUDI

　　汉长安城中专门为匈奴单于或其使者来京师时住宿修的府
邸，设置时间大约为汉武帝元封年间（前110—前105年）。元封
初年，西汉政府派遣使者王乌出使匈奴，匈奴单于对王乌说："我
想到长安面见汉天子，两人结为兄弟。"于是汉政府为单于筑邸
于长安。尽管后来单于没有前来，但双方的使者往来不断。汉宣
帝甘露三年（前51年），匈奴呼韩邪单于稽侯狦来朝，汉宣帝当
时正在甘泉宫休养，便让相关部门带单于先到单于邸安置，赐予
玺绶、冠带、衣裳、安车、驷马、黄金、锦绣、缯絮等，单于在
长安邸中住了将近一个月，才由汉朝军队护送回去。

武库
WUKU

汉长安城中用于储存武器装备的处所,始建于汉高祖七年(前200 年)。当时萧何负责营建未央宫,同时修建了未央宫的东阙、北阙、前殿,还有武库和太仓。因此,武库是与未央宫同时规划建设的工程。惠帝即位,改名为"灵金内府",吕后时改为"灵金藏"。

武库位于长乐、未央二宫之间,这样能够有效地维护西汉王朝的安全和统治,一旦国家有事,可以随时调用武库的兵器。武库在西汉的政治生活中自始至终都具有相当重要的作用。汉武帝征和二年(前 91 年),戾太子就曾假借汉武帝命令,调出武库的

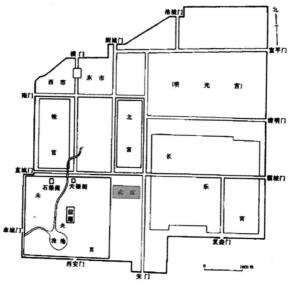

武库位置图(根据中国社会科学院考古研究所著《汉长安城武库》改绘,文物出版社 2005 版)

兵器去诛杀江充，结果酿成长安城战乱；汉哀帝宠幸董贤，把武库的兵器全部赏赐给侍中董贤和乳母王阿舍；汉平帝元始三年（3年），阳陵任横等人起事，侵入长安，用武库的兵器武装自己。一直到王莽末年，长安武库始终是专门储藏兵器的所在。

从考古发掘来看，武库遗址在汉长安城的中南部，南距汉长安城的南墙约1810米，东距安门内大街82米，在今大刘寨东面的高地上。武库共有7座建筑遗址，周围有墙，形成长方形院落，东西长710米，南北宽322米，周长2064米，总面积为228620平方米。院落中部有一南北向隔墙，将院落分为东院和西院。东院东西长380米，南北宽322米，有4座库址；西院东西长330米，南北宽322米，有3座库址。遗址出土了大量兵器，以铁质兵器为主。

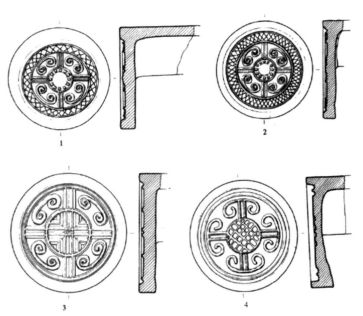

武库出图的云纹瓦当（摘自中国社会科学院考古研究所著《汉长安城武库》，文物出版社2005版）

礼制建筑

太上皇庙
TAISHANGHUANG MIAO

西汉长安城内礼制建筑名，奉祀太上皇即汉高祖刘邦的父亲。史书记载：汉太上皇庙在雍州长安县西北长安故城中酒池之北，高帝庙北。其具体位置在长乐宫北、香室街南。

陈直注《三辅黄图》认为："宗，尊也；庙，貌也，所以仿佛先人尊貌也。"西汉的皇帝庙，散布于长安城内外，与陵墓不在一处，也不按昭穆顺序排列。

刘太公（约前3世纪—前197年），沛郡丰邑人，汉朝创始人刘邦的父亲。刘邦建立汉朝后，常以人子之礼去拜见父亲刘太公。家令劝太公说："天无二日，土无二王。"刘太公这才意识到父子君臣地位的不同，便以臣对君之礼对待汉高祖。后来，刘邦尊父亲为"太上皇"，刘太公应该是我国历史上第一个"太上皇"。太上皇居住在深宫里，凄怆不乐。他久居老家丰邑，习惯了家乡贩夫走卒、酤酒卖饼、饮酒高会、斗鸡走狗的民间生活。因此，刘邦在今西安市临潼区西北仿造了一座新的"丰邑"，一切房屋街巷都按原来的模样，完全呈现原来的丰邑景象。迁来丰邑居民，男女老幼都自然地找到了自己的家，迁来的鸡犬也都认得主人的家门，所谓"放犬羊鸡鸭于通涂，亦竟识其家"。太上皇住在新丰自己的宅院中，一切都是旧环境、旧邻居，舒心极了。由此留下"鸡犬新丰"的典故。

公元前197年，刘太公崩于栎阳宫，后来葬于万年，即今西安市临潼区北，但是否在长安为其立庙却未提及。《史记·袁盎晁错列传》记载，汉景帝时期，内史府在太上皇庙边的空地办公，门向东开，出入很不方便，于是晁错便在南墙开两门出入，引起很大争议。

高祖庙
GAOZUMIAO

　　西汉长安城内礼制建筑名，奉祀汉高祖刘邦。其具体位置在安门内大街之东、长乐宫西南。高祖庙中有秦钟4枚（一说10枚），重12万斤，撞之声闻百里。有玉环。汉文帝时期有人盗取高庙玉环。汉文帝想要灭其族，廷尉张释之直谏道："只是偷了一枚玉环，就要灭族。假如盗取了长陵一把土，将如何按律加其罪？"

　　由于汉高祖刘邦是汉王朝的创始人，西汉诸帝即位后都要到高祖庙拜谒。《汉书》记载，汉宣帝刚即位的时候，大将军霍光安排他朝拜高祖庙，并陪坐在汉宣帝旁边。由于霍光长期执政，权势盛隆。汉宣帝心里特别害怕，如"芒刺在背"，难受极了。后来，车骑将军张安世代替霍光陪乘，汉宣帝才感到从容不迫、非常轻松自如。后人认为："威震主者不畜，霍氏之祸萌于骖乘。"就是说，威高震主的人不能被容纳，霍光的灾祸源自于陪乘。由此，留下了"芒刺在背"的成语。

　　东汉光武帝建都洛阳，同时又称西汉旧都长安为西都，并亲至长安，经营宫室，"凄然有怀祖之思"，以后明帝、章帝、和帝、安帝、顺帝、桓帝等大部分东汉皇帝即位后，都到长安谒高庙，祭祀西汉诸帝陵。

汉长安城遗址曾出土"高庙万世"瓦当，应该是高祖庙的东西。高祖庙后面，有刘邦的儿子汉惠帝刘盈的惠帝庙，以奉祀汉惠帝。

文帝顾成庙
WENDIGUCHENGMIAO

西汉长安城外礼制建筑名，奉祀汉文帝刘恒。在汉长安城南，其具体位置在唐长安城休祥坊，今西安市西郊十里铺与梁家庄之间。

汉文帝前元四年（前176年）建。服虔认为，顾成庙离长安城很近，"还顾见城"，因而得名。应劭则认为，顾成庙规模很小，"制度卑狭"，营建的时间很短，顾望之间而成，因而得名。贾谊《陈政事疏》有："因顾成之庙，为天下太宗，与汉无极。"汉文帝顾成庙有两座大玉鼎，两个真金炉，"槐树悉为扶老拘栏，画飞云龙角于其上也"。

汉代的皇帝庙，除汉文帝顾成庙外，景帝庙号德阳，武帝庙号龙渊，昭帝庙号徘徊，宣帝庙号乐游，元帝庙号长寿，成帝庙号阳池。其中，德阳宫建于景帝中元四年（前146年），不称庙。

戾太子戾园
LITAIZILIYUAN

西汉长安城外礼制建筑名，奉祀戾太子。其具体位置在唐长安城金城坊北门，今西安市西郊十里铺东。在汉长安城内南部，与戾太子戾园相关的还有戾太子母思后园和汉宣帝父史皇孙奉明园。戾太子母思后园在唐长安城金城坊西南隅，今西安市西郊十里铺附近，奉祀戾太子的母亲——汉武帝第二个皇后卫子夫；汉宣帝父史皇孙奉明园在唐长安城休祥坊内，今西安市西郊蔡台村南，奉祀汉宣帝的父亲、戾太子的儿子史皇孙。

戾太子刘据（前 128—前 91 年），因生母为卫皇后，故称"卫太子"；又因巫蛊之祸而自尽，其孙子汉宣帝追谥曰"戾"，以表其冤屈，故又称为"戾太子"。

传统迷信认为巫蛊之术（即巫术诅咒，用木偶人埋地下）可以害人。汉武帝晚年多病，常怀疑左右用巫蛊之术害他，几次掀起巫蛊事件，从京师长安、三辅地区到各郡国，因此而死的先后共有数万人。丞相公孙贺就因此被处死。有一次，汉武帝病重，派遣宠臣江充为使者，负责查处巫蛊案。江充趁机诬陷太子刘据，刘据惶惶不安，而此时武帝却在甘泉离宫中养病。于是刘据矫诏抓捕江充，打开武库拿出武器，又调发长乐宫的卫卒，将长安四市的市民数万人强行武装起来，在长乐宫西门外，与丞相刘屈氂率领的军队激战。长安城中一片混乱，死亡数万人。后来刘据兵败，从长安城覆盎门逃出，向东逃到湖县，隐藏在泉鸠里。被围捕之时，刘据自缢而死。他的两个儿子也一同遇害。几年后，汉武帝才醒悟刘据之冤，怜惜刘据无辜，特修一座思子宫，又在湖县建了一座归来望思之台。公元前 74 年，霍光立刘据唯一幸存的孙子为帝，是为汉宣帝。宣帝追谥刘据曰"戾"，以表其冤屈。唐代诗人汪遵写过一首《望思台》："不忧家国任奸臣，骨肉翻为蔓路人。巫蛊事行冤莫雪，九层徒筑见无因。"史称刘据事件为"巫蛊之祸"。巫蛊之祸让汉武帝失去了多年培养的接班人，大量上层政治人物受到牵连，同时，由于巫蛊之祸发生在长安城，前后将近

40万人被杀，首都经济、人口、社会安定等都受到影响。有学者认为巫蛊之祸实为西汉由盛转衰的转折点。

九庙
JIUMIAO

西汉长安城南礼制建筑名，奉祀王莽的祖先。其具体位置在汉长安城安门和西安门南出 1 千米许的平行线内，今西安西郊阁庄和枣园村一带。

九庙的建筑时间是新莽地皇元年（20 年）。这一时期，农民起义大规模爆发，王莽政权岌岌可危。可是，王莽听信阴阳术士之言，认为在四方纷争之时，大兴土木可以建万世之基，并保证国家的长治久安。于是在当年九月，王莽在长安城南建起了占地百余顷的 9 座庙宇。史书记载，王莽亲临城南奠基，并派司徒王寻、大司空王邑及杜林等 10 人监工。

因王莽复古改制，遵循《周礼》，所以九庙的位置、规模、形制等都与《周礼》的相关记载相近。九庙中有祖庙 5 座，亲庙 4 座。因王莽认为黄帝是他的"皇初祖考"，所以黄帝庙最大，东西南北各长 40 丈，高 17 丈。其余各庙规模仅为黄帝庙的一半。各庙均以铜为柱，图纹彩绘，饰以金银籫文，穷极百工之巧，极尽富丽堂皇。

据考古发掘，"王莽九庙"建筑群位于长安城安门和西安门南出的平行线之内。这组建筑群由 11 座礼制建筑组成，建筑形式相同，每座建筑都由中心建筑、围墙、四门和围墙四角的曲尺形配房组成，中心建筑和围墙的平面均作方形，轮廓如"回"

字，规矩方正，分毫不差。1~11 号建筑大小相仿，间距相等，分
3 排，东西并列，由西向东按顺序编号；北排 1~4 号建筑与南排
的 8~11 号建筑方位一致，南北对应；中排 5~7 号遗址错落于南
北排之间。在 1~11 号建筑的外边有周环方形大围墙，围墙每边
长 1400 米，12 号建筑在它的南边正中，其北围墙距离 1~11 号建
筑的大围墙仅 10 米。12 号建筑的围墙大小与 1~11 号的围墙无差
别，但 12 号建筑的中心建筑比 1~11 号大约一倍，细部结构也稍
有区别。

　　每座建筑中的中心建筑为方形，每边 55 米，四面对称，中
央主室四角夹室，平面如"亚"字，台基夯土铸造，高出四周

王莽九庙出土的四神瓦当（《关于王莽九庙的问题——汉长安城南郊一组建筑遗址的定名》，
《考古》1989 年 03 期）

地面，台基地面草泥铺墁上涂朱红色，主室四面各一个厅堂，内部构造完全相同，厅堂内的右边有一个厢房，左边一堵隔墙，四堂之间有绕过夹室的走廊相通，厅堂前面各对着 3 个方形土台，方土台前有砖路正对四门，整个中心建筑还有环绕的河卵石铺砌的散水。

社稷 SHEJI

　　西汉长安城南礼制建筑名，用来奉祀天地和五谷诸神。从文献记载看，社、稷属于祭祀对象不同、地点相近、分别祭祀的两种礼制建筑。汉代初年，清除秦社稷，立汉社稷。之后又立官社，以夏禹配享，但是，没有立官稷。一直到汉平帝元始三年（3 年），才在官社后面建立官稷。至此汉王朝官社、官稷的祭祀方始完整。

　　社、稷外有大面积的树木，《白虎通·社稷》有记载："社稷所以有树，何也？尊而识之，使民望见即敬之，又所以表功也。"

　　20 世纪 50 年代，位于汉长安城南郊的一系列汉代礼制建筑被考古工作者发现，其中，西组建筑群中的第 14 号遗址为"平面呈'回'字形的内外两层围墙。外围墙的东北部，绕过第 13 号遗址。内围墙与第 12 号遗址的围墙东西并列，处在同一平行线上"。从方位来看，第 14 号遗址在西安门外大街之西，位于西汉后期长安城主轴线南部偏西，基本合乎《风俗通义》所说社稷在"西南"的位置；从建筑时间上来看，第 14 号遗址符合文献记载元始三年王莽奏立官稷的时间；第 14 号遗址两重围墙内没有发现任何建筑的情况也与社坛、稷坛"无屋，有墙门而已"及围墙内种有大量树木的文献记载相符。所以，学界认为第14号遗址可能就是西汉时期的官社、官稷。

南北郊
NANBEIJIAO

西汉长安城礼制建筑名，用来郊祀上帝和后土，其中，南郊又名天郊，在长安城南，祭祀上帝；北郊又名地郊，在长安城北，祭祀后土。关于南北郊的具体位置，应劭认为："天郊在长安城南，地郊在长安城北长陵界中。"汉武帝确定了郊祀制度，但到汉成帝时期才开始郊祭，并设有专门的官署管理相应事宜。

明堂和辟雍
MINGTANGHEPIYONG

西汉长安城南礼制建筑名，明堂用来告朔行令，辟雍用来行礼乐、宣德化。

长安的明堂和辟雍在汉平帝时期才着手创建。在此之前，汉武帝初年，曾有过在长安城南建立明堂的想法，《汉书》记载："武帝初即位，响儒术，以文学为本，议立明堂于城南，以朝诸侯。"但是由于祖母窦太皇太后的反对而未能实行。到汉成帝时期，名儒刘向倡议在长安城南立辟雍以宣德化，但工程尚未进行，汉成帝崩。直到汉平帝元始四年（4年），安汉公王莽奏立明堂、辟雍，次年即建成，"袷祭明堂"。

　　20 世纪 50 年代，位于汉长安城南郊的一系列汉代礼制建筑
被发掘，其中，位于最东侧的建筑东距玉祥门约 1.5 千米，北距
汉代长安城故址约 1 千米余，南邻大土门村，遗址的中间为一平
面呈"亚"字形的中心建筑，南北通长 42 米，东西长 42.4 米。
中心建筑的四周是一个方形夯土台，有围墙（每边长 235 米）、
四门，围墙的四角各建有曲尺形的配房；围墙之外，环绕一圆形
的大圜水沟。专家认为这就是西汉末年的明堂辟雍。根据考古发
掘将建筑复原，应为：中央建筑下层四面走廊内各有一厅，每厅
各有左右夹室，共为"十二堂"，象征一年的十二个月；中层每
面也各有一堂；上层台项中央和四角各有一亭，为金、木、水、
火、土五室，祭祀五位天帝。五室间的四面露台用来观察天象。
全体各部尺寸又有许多繁琐的数字象征意义。整群建筑十字对称，
气度恢宏，很符合它包纳天地的身份。

明堂遗址想象复原图

太学
TAIXUE

　　西汉设立的位于长安城南的最高教育机构。元朔五年（前124年），在罢黜百家、独尊儒术之后，汉武帝采纳董仲舒的建议，在长安建立太学，作为培养统治人才的正式官立大学。太学的称谓，出自董仲舒在贤良对策中说的"太学者，贤士之所关也，教化之本原也"。太学的建立，标志着我国封建官立大学制度的确立。汉代太学，最初只设五经博士，置博士弟子50名。汉昭帝时太学生增至100人，汉宣帝时则增至200人。王莽执政时，还采取种种措施扩建太学：为太学兴建校舍，立乐经，增设博士等等。

　　太学的位置，在"长安南安门之东，杜门之西"，《长安志》记载唐长安城普宁坊西街有汉太学遗址。目前，长安城太学遗址尚未探明。

市场作坊

九市
JIUSHI

　　汉长安市场名。对于"九市"，至今有不同解释：一种解释认为，"九"泛指多，"九市"指的是汉长安城的所有市场；还有一种解释认为，"九市"就是九个市场，分东、西两部分，东市由三市组成，西市由六市组成，每个市场都是"方二百六十六步"，东、西两市对称分布在洛城门外的杜门大道两旁；第三种解释则认为，"九市"各有其确切的名称，即东市、西市、南市、北市、柳市、直市、交门市、孝里市、交道亭市，其中，东市、西市、南市、北市、孝里市等五市位于长安城内，而剩余的柳市、直市、交门市、交道亭市则分布在城外。

关于这些市场的具体名称，东市、西市见诸史书中，南市、北市则不见于史籍记载，是一些研究者依据长安城中出土的封泥推导得出。柳市，见于《汉书·游侠传》，长安有豪侠名萬章，字子夏，在城西柳市，号称"城西萬子夏"。直市，见诸《三辅黄图》《长安志》等记载，其物价平准，故而被称为"直市"。交门市见于《长安志》，在渭桥之北。交道亭市也记录在《长安志》中，在便桥之东。孝里市，《长安志》记载在雍门之西。

除上述市场名称之外，见诸记载的还有高市、槐市等。

东市 DONGSHI

汉长安市场名，又名"长安市"，在汉长安城西北部、横门大街以东。东市为汉高祖六年（前201年）所立。在长安九市中，东市地位是最高的，规模也是最大的，经济最为繁华。1986年，中国科学院考古研究所汉城工作队在横门大街以东发现一座建筑遗址，距离横门大街90米，四周筑有围墙，墙宽5~6米。遗址之内各有东西、南北向道路2条，成"井"字形。与道路相对的围墙开辟有门，共8门。遗址东西约长780米，南北650~700米，面积为 52.65 万平方米。据推测，这可能就是东市遗址。

史书记载，汉景帝时期，著名的"七国之乱"爆发，晁错就被斩于长安东市。汉武帝巫蛊之祸后，左丞相刘屈氂与贰师将军李广利私议立昌邑王为帝，同时，他的夫人被告发使巫祠社，祝诅主上，因此，被武帝下诏腰斩于东市。汉平帝时期，著名大儒吴章不满王莽专权，于是暗中与王莽的儿子王宇合谋，趁夜以血涂抹王莽的家门，扬言是鬼神惩戒王莽，结果东窗事发，被王莽腰斩于东市。

西市 XISHI

汉长安市场名，在汉长安城西北部、横门大街以西。西市的地位比东市要低一些，其规模也比东市小。根据文献记载和考古发掘，我们可以知道：汉代的市场四周均筑有围墙，墙上开门，定时开启；市场中间建有市楼，有专人随时监察百货贸易情况；货物分类摆放，不相混杂。西市遗址在横门大街以西，距离横门大街 120 米，其形制与东市相似，规模较小，东西约长 550 米，南北约宽 420~480 米，面积约 24.75 万平方米。

汉长安城西市遗址出土陶马（汉长安城遗址保管所展厅）

汉长安城西市遗址出土叠铸范（汉长安城遗址保管所展厅）

汉长安城西市遗址出土钱范（汉长安城遗址保管所展厅）

汉长安市场名，位于汉长安城东南，因"列槐树数百行为队"而得名。槐市与长安城九市不同，它没有围墙，是自然形成的市场，出售的物品多为经传书籍、笙磬乐器及各地特产。西汉中后期，由于太学生数量迅速增加，扩大了对文化物品的需求，于是在地近太学的地方，形成了槐市。这个市场每半月一次，太学生及其他文人在此交流学术思想及文化用品，互通有无，对文化教育的发展起到了很大的促进作用。汉代末年，太学解散，槐市也随之消失。

里巷街道

泛指长安城中王侯贵族和普通百姓居住的地方。《三辅黄图》记载："长安闾里一百六十，室居栉比，门巷修直。"表明长安城中闾里很多，但形制较规整，井井有条，布局整齐。从西周到秦汉，城邑中居民聚居的基本单位为里。汉长安城居住闾里的布局遵循"仕者近宫，工商近市"的传统。里是封闭式管理，各里都筑有围墙，墙上开辟有里门，由"监门"负责看守，汉初著名谋士郦食其就曾担任过里监门。里的规模大小不一，每里多则百户人家，少则三四十户。每里都设有里正，负责里的行政事务，同时，每里还推选一些德高望重的老人充当"父老"，监督人们的出入和行动。一般住户不得直接对街开门，出入必由里门，而且出入里门必须下车。权贵所居的府邸，多布置在城中及南邻宫殿地段，府第可直接临大道开门，正如《西京赋》所称的"北阙甲第，当道直启"，以示有别于闾里的其他住宅。

长安城中 160 间里均有各自的名称，因时代久远，今天能知道的已经很少了，见于史籍的有尚冠、修成、黄棘、宣明、建阳、昌阴、北焕、南平、大昌、戚里、陵里、函里、高都、外杜、穷里等，加上《居延汉简》里出现的宜里、发利里、南里等名称，我们今天能知道的长安闾里名称不过 20 个左右。

汉长安城闾里名，可能在尚冠大街旁边、章台街以西、未央宫东阙附近。尚冠里是汉长安城中最有名的一个里，文献中有多次记载。尚冠里的居民主要是王侯贵族和一些官吏的宗亲。如汉宣帝即位前就曾住在尚冠里，宣帝时大将军霍光的侄孙霍云也住在这里。

泛指汉长安城中王侯贵族的宅第，尤其是位于未央宫北阙附近的显贵人物的宅第。根据规定，长安城中闾里的居民出入都应当走里

门，里中家庭不能当街破墙辟门。但是，那些王侯贵族的宅第却不受此约束，享有当街辟门的特权，因此，那些显贵人物的第门都是直接面向大街的。北阙甲第之所以称"甲"，一方面表明它们是长安城中最为豪华的宅第，另一方面也是荣誉和尊贵的象征，不是人人都能享受的。

北阙甲第在汉初即已有之，可能萧何修建未央宫时就已经做好了规划，供皇帝身边的显贵居住。汉惠帝即位后，赐予救过自己一命的汝阴侯夏侯婴"北第第一"，要他临近皇帝居住，这在当时是格外的尊宠。汉宣帝时期，在给威名赫赫的大将军霍光的赏赐条目中，除了人口、财物之外，还有甲第1区。汉哀帝时，与哀帝同享"断袖"典故的董贤受宠，被赐"起大第北阙之下"的殊荣。据记载，董贤宅第的规模非常宏大，装饰极为豪华，其建筑规制甚至超过了汉王朝的宗庙建筑，与皇宫并无二致。

八街九陌
BAJIEJIUMO

泛指汉长安城中的街道，《三辅旧事》记载："长安城中有八街九陌。""八街"指的是长安城中的8条主要街道，与城门相对应。汉长安有12座城门，但由于东面的霸城门和南面的覆盎门入门不远就是长乐宫，西面的章城门和南面的西安门入城不远就是未央宫，不可能形成大街，因此，实际上只有其余8座城门各有一条大街通向城内，东西和南北各4条。经过考古钻探和发掘，我们知道8条大街都非常规整，没有曲折。其中，安门内大街最长，为5500米；宣平门内大街次之，为3800米；洛城门内大街最短，只有 850 米；其余大街长度为 3300 米左右。宣平门内大街、清明门内大街、雍门内大街、直城门内大街、安门内大街宽度达 56 米，其余大街宽 45 米左右。每条大街分为 3 道，其间有 2 条排水沟相隔，中间的道路就是文献记载中的"驰道"，专供皇帝行走，非经特许，其他人不得逾越。汉成帝做太子时，曾被他父亲汉元帝特许可以跨越驰道。"九陌"指的是分布在闾里区中的 9 条次要街道。

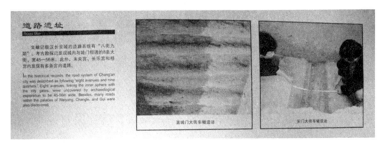

道路遗址（汉长安城遗址保管所展厅）

　　见于文献记载的大街名有 8 个，即章台街、香室街、华阳街、夕阴街、尚冠街、藁街、太常街、城门街。其中有的是连接城门的主要街道，如香室街可能就是清明门内大街，华阳街可能就是横门内大街；有的则是次要街道。

汉长安城道路遗址展示

章台街
ZHANGTAIJIE

汉长安街道名，是安门内大街。章台街的得名应该与秦章台宫有关。《史记·樗里子列传》记载樗里子死后葬在章台之东，到汉代，"长乐宫在其东，未央宫在其西，武库正值其墓"，也就是说，秦章台应该在汉代未央宫一带。章台街也应距此不远。

与章台街有关的是"走马章台"的典故。《汉书·张敞传》记载，汉宣帝时期，有"张敞画眉"的香艳故事。京兆府尹张敞虽然是酷吏，但他没有做官的威仪，有时下朝，经过章台街回位于长乐宫北面的京兆府时，让车夫赶马快跑，自己则用折扇拍马。从他的行走路线看，章台街应该是安门内大街。据说章台街上多妓馆，"走马章台"原指骑马经过章台街，后来引申为涉足妓间。

池苑

汉代池沼名，位于长乐宫东北部，今雷寨村附近。据文献记载，长乐宫中的酒池原为秦始皇建造，但史书中未见秦始皇在酒池的记载，却有汉武帝在酒池作乐的场面。汉武帝在酒池北面修筑了台榭，制作了铁杯盛放美酒。铁杯沉重，无法举起，且杯体巨大，酒量相当于牛饮水的量。汉武帝以这种铁杯招待宾客，由于铁杯沉重，客人只好低头饮酒，留下了"上观牛饮"的千古笑谈。当时围观者多达3000人，由此也可看出酒池规模之大。

沧池遗址南岸包砖（汉长安城遗址保管所展厅）

汉代池沼名，位于未央宫西南部。初步认为其遗址就在今未央宫前殿西南的一大片洼地中；后经过考古调查，进一步认定沧池位于今西安市未央区未央宫乡西马寨村西南。故址现为一片洼地，地势低于周围1~25米。池址平面呈不规整的圆形，东西400米，南北500米，深3~25米。沧池东北距前殿基址270米，南岸和西岸分别在未央宫南墙以北250米、西宫墙以东700米。沧池是一个人工湖，由于池水呈苍色，故称"沧池"。池水面积很大，约196万平方米，呈规整的长方形，湖岸用青砖包砌。沧池不但美化了未央宫的环境，而且起到保证与调节宫城用水的作用。

沧池之中筑造了高台建筑——"渐台"，"渐"字当"浸"的意思讲，"渐台"就是置于水中的高台建筑。台上修建了楼阁亭榭。池光台影，风景宜人。西汉末年，王莽被冲进未央宫的军兵追赶，从前殿仓促出白虎门，西逃至渐台。他本想依靠渐台四周的沧池之水阻挡住起义军的追杀，但是由于军队人心涣散，众叛亲离，土崩瓦解，王莽最后还是被商人杜吴杀死于渐台之上。

沧池遗址

汉代长安地区人工湖名，位于建章宫北、前殿西北。太液池是一处规模非常大的人工湖泊，占地10公顷，引昆明池水而形成。太液池仿照传说中的东海仙境来布局，池北岸有人工雕刻的石鲸鱼，长3丈，高5尺；西岸有石鳖三只，各长6尺。池中有渐台，台高20余丈；除此之外，还有三座小岛，分别为蓬莱、方丈、瀛洲，以象征传说中东海里面的三神山。这种"一

太液池东出土的橄榄形石雕（现安置在陕西历史博物馆门前水池内）

池三山"的布局对后世园林有深远影响，并成为池山创作的一种模式。

太液池环境极为优美，是西汉帝王经常嬉戏游玩的地方，水陆植物众多，各种禽鸟动辄成群。据《西京杂记》记载，太液池边长满了雕胡（茭白之结实者）、紫籜（葫芦）、绿节（茭白）之类的植物；池边的沙滩上，鹈鹕、鹦鹉、鸊青、鸿猊也成群嬉戏。汉昭帝始元元年（前 86 年），曾有一大群黄鹄飞落在太液池中，

汉长安城太液池遗址

这使得朝廷上下都极为振奋，因为西汉以黄色为贵，平时难得一见的黄鹄成群飞到京师，当然被认为是吉祥之兆。汉昭帝为此作歌云："黄鹄飞兮下建章，羽肃肃兮行跄跄，金为衣兮菊为裳；唼喋荷荇，出入蒹葭，自顾菲薄，愧尔嘉祥。"

太液池至今仍留存明显的遗迹。在高低堡子西北，今西安市太液池苗圃所在地，有一片洼地，呈曲尺形，东西长510米，南北宽450米，面积为151600平方米，与文献记载的太液池位置相近，应该是太液池遗址。在遗址东北，有一台基遗址，东西长60米，南北宽40米，高8米，这可能是当年池中的渐台或三神山遗址。

太液池西还有一个池沼，名叫孤树池，池中有洲，因洲上有一株杉树而得名。这株杉树粗60余围，远远望去，犹如一柄撑开的大伞。太液池南有唐中池。唐中池周回12里，占建章宫总面积的1/3。池边有唐中殿，规模宏大，可容纳万人。

琳池 LINCHI

汉代长安地区人工湖名，位于建章宫西北、太液池西。琳池凿于汉昭帝始元元年（前86年），广千步，池南筑有桂台，可以登台眺望京师周围的美景。池中种植一种分枝荷，一茎四叶，状如骈盖，遇到阳光照射便叶柄下垂低荫根茎，好像是葵花的卫足，因此取名为"低光荷"。低光荷籽实像黑色的珠子，既可做装饰品，佩戴在身上玩赏；也可食之，令人口气清新，而且益脉治病。因此，低光荷的籽实颇得宫女们的青睐。由于琳池景色优美，当时年约10岁的汉昭帝"命文梓为舟，木兰为枻"，造了一艘豪华的游船，常带宫女们在池中嬉戏，竟日留恋。可惜好景不长，大臣们开始进谏，希望皇帝不要奢侈，更不要日日游荡。汉昭帝不得不就此作罢，此后，"堙毁台池，鸾舟荷芰，随时废灭"，琳池逐渐被废弃了。

上林苑
SHANGLINYUAN

　　古代宫苑名，是西汉最重要的皇家园林，位于长安城南。上林苑始建于秦代，西汉初年，由于社会经济凋敝，长安城附近地少人多，耕地紧张，丞相萧何曾经建议将原来的秦上林苑中的一些空地划给百姓耕种，但是这个建议遭到了高祖刘邦的反对，因此，秦代上林苑在西汉初年得以保留。当然，这时的上林苑还没有围墙，除了一些宫观之外，还有大量民居和农田，寻常百姓可以自由出入。

　　史籍中记述了汉初诸帝到上林苑游玩的故事。公元前177年，汉文帝带着窦皇后、慎夫人乘辇同往上林苑游幸，晚上在上林苑举行盛宴。由于慎夫人在宫中常与皇后并起并坐，所以上林郎官按照惯例，把慎夫人也安排在与皇后对等的席位上。汉文帝、窦皇后、慎夫人三人都习以为常，没什么意见。但是中郎将袁盎见了，立刻命令内侍把慎夫人的座位撤至下席。慎夫人因此大怒，不肯入下席就座。汉文帝也怒气冲天，拉着慎夫人离开上林苑乘辇回宫。到汉景帝时，也发生过"郅都轻姬"的典故。郅都跟随汉景帝到上林苑游玩，贾姬随行。她如厕时，一头野猪突然闯进厕所。大家都不敢声张，汉景帝用眼神示意郅都，让他去救贾姬，

汉长安城遗址出土的上林瓦当（汉长安城遗址保管所展厅）

可是郅都手持兵器，只保护在皇帝身边，不肯有所行动。情急之下，汉景帝亲自拿起武器，要去救贾姬。这时，郅都跪在皇帝面前阻拦，说："失掉一个姬妾，还会有别的姬妾进宫，天下难道会缺少贾姬这样的人吗？陛下就算是看轻自己，也得考虑祖庙和太后啊！"

建元三年（前138年），汉武帝游幸上林苑，由于游猎驰射，百姓的庄稼多被践踏，鄠杜县令拘留了武帝的几个随从。后来汉武帝微服出游，晚上投店时遭到店主人的冷遇和侮辱，还差点被怀疑为盗贼。因为出了这些事，汉武帝倍感"道远劳苦，又为百姓所患",因此,命令太中大夫吾丘寿王负责筹建上林苑,加修苑墙,设置苑门,开挖池沼,兴筑楼阁,种植奇花异草,放养珍禽异兽,使上林苑真正成为一座集游猎、玩乐、军队操练、皇宫用品生产等功能为一体的巨型皇家苑囿。

上林苑内奇花异草随处可见,珍禽异兽充斥其间。其中植物相当丰富,单是朝臣所献就有 2000 多种,如蓬莱杏是东郭都尉于吉所献,相传一株花杂五色,据说是仙人所食。

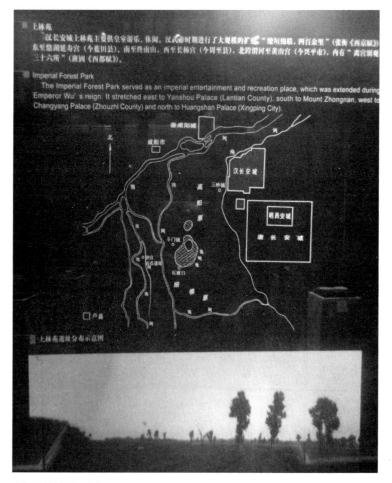

上林苑遗址范围及分布图

上林苑地域广阔，其范围从长安城西的阿城向东南至宜春宫，再南至终南山，依南山向西至周至县长杨宫、五柞宫，再绕周至东会到阿城，周回 300 余里，苑内有离宫别馆 70 余所、苑囿池沼 10 余处。上林苑的核心部分可分为城西和城南两大景区。城西部分林木繁茂，泽薮连亘，池沼星罗棋布，称为"西郊苑"，以昆明池、建章宫为主体。昆明池中还建有巍峨壮丽的豫章台（昆明台），池中放了巨大的石雕鲸鱼，1972 年当地农民挖出一条长一丈多的石鱼，圆锥形、平头锐尾，很可能就是那条鲸鱼。现今西安斗门镇与镇东常家庄各有一尊 3 米多高的石刻像，就是汉朝在昆明池东西两岸竖立的牛郎织女像。城南部分的主体构成是出杜门向南依次连属的四个苑囿：昆明渠以北是博望苑，汉武帝为太子结交宾客所设；昆明渠以南为乐游苑；曲江池旁是宜春苑；御宿山上是御宿苑。

昆明池
KUNMINGCHI

汉代长安地区人工湖名，位于现在的斗门镇、石匣口村、万村和南丰村之间，是汉武帝元狩三年（前 120 年）开凿的。到唐代，昆明池有所扩大，达到极盛。宋以后昆明池逐渐湮没。

史书记载，汉武帝派遣使者到身毒国（即印度），被地处西南的昆明国阻碍，于是要征伐昆明。因昆明国有方圆三百里的滇池，水军强盛，所以汉武帝在长安城西南郊开凿昆明池，仿照滇池，来训练水军。

汉代昆明池的范围极大，周长大致为 16.6 千米，面积为 14.75 平方千米。据记载，昆明池东西两岸雕刻有男女两座神像，象征着天河两边的牵牛星与织女星。池中建有波殿，以桂为殿柱，风一吹来，香气四溢。昆明池中还有豫章台，台附近设置一条石刻的长约三丈的鲸鱼，遇有雷雨石鲸常吼叫，鳍尾皆动，汉代常常祭石鲸以求雨，据说比较灵验。池中有戈船数十艘，楼船一百艘，船上立戈矛，四角皆垂幡旄葆麾，这是水军训练的设备。除此之外，池中还有龙首船，是皇帝游玩用的，有凤盖、华旗，乐舞喧天。

据《三秦记》记载，昆明池中有灵沼，名为神池，尧帝治水时曾于此停泊船只。神池与白鹿原相通，白鹿原有人钓鱼，鱼拉断钓线带着鱼钩逃到神池。汉武帝夜里梦见有条鱼求他把钩摘去，第二天在昆明池上游玩时，果然看见一条大鱼嘴上挂着钩连着线。汉武帝恻隐心动，就摘去钩和线，把大鱼放走了。过了三天，汉武帝又在池上游玩，在池边上得到了大鱼用以报恩的一对明珠。

昆明池的开凿毁掉了周代镐京遗址。史书记载，汉武帝开池的时候挖到了黑土，是城市被劫烧后的余灰。

唐代诗人杜甫曾写诗赞赏昆明池："昆明池水汉时功，武帝旌旗在眼中。织女机丝虚夜月，石鲸鳞甲动秋风。波漂菰米沉云黑，露冷莲房坠粉红。关塞极天惟鸟道，江湖满地一渔翁。"

昆明池石婆像　　昆明池石爷像　　昆明池遗址

博望苑
BOWANGYUAN

汉代宫苑名，位于上林苑东部，汉长安城南，今西安市玉祥门西任家庄一带。汉武帝为太子刘据所立，希望借此让太子广招宾客，汇纳贤才。

刘据（前128—前91年），汉武帝嫡长子，因生母为卫皇后，史称"卫太子"。刘据因巫蛊之祸而自尽，汉宣帝追谥曰"戾"，以表其冤屈，故又称为"戾太子"。

刘据出生时，年近30岁的汉武帝欣喜异常，命令善写辞赋文章的枚皋及东方朔作《皇太子生赋》及《立皇子禖祝》之赋。同时，封刘据之母卫子夫为皇后。元狩元年（前122年）刘据7岁，被封为太子。汉武帝为刘据甄选老师极其严格，太子太傅石庆是汉景帝时的"万石君"石奋的小儿子。石奋处世恭谨，家教严明，因其一家父子四人皆为二千石之官，故汉景帝尊之为"万石君"。汉武帝尊崇公羊学，又派德高望重的文学之士辅导刘据学习《公羊春秋》，公羊学亦从此兴盛。后来，刘据又向瑕丘江公学习《谷梁》，瑕丘江公与研习《公羊》的名儒董仲舒齐名。可见，刘据的老师均为一时之选。

刘据成年后，按礼制迁往太子宫。作为太子行冠礼的礼物，武帝专程为刘据在长安城南修建了一座苑囿，称为博望苑。虽然汉武帝本意不喜欢太子结交宾客，但却专修此苑赐予刘据以作为其交往宾客之用，并允许刘据依照自己的兴趣喜好行事。因此多有与当时主流思想不同的各类人才前来归附于刘据门下。

乐游苑
LEYOUYUAN

汉代宫苑名，位于上林苑东部、杜陵西北，在今西安市东南的乐游原上。汉宣帝神爵三年（前 59 年）兴建。乐游苑有汉宣帝乐游庙，在曲江池北。

宜春苑
YICHUNYUAN

汉代宫苑名，又名"宜春下苑"，位于上林苑东部，汉长安城东南，其遗址在今西安市东南曲江池附近。宜春苑原为秦的离宫，内有曲江池（因其水流曲折而得名）。西汉时期修葺后继续使用，汉武帝在这里大肆修建，多次游幸于此。宜春苑内有宜春宫。宜春宫是一座多层宫殿，需要上一条漫长的坡道才能进入，它北临曲江，登临其上，可以俯瞰曲折潆洄的隍州，遥望险峻起伏的南山。

御宿苑
YUSUYUAN

汉代宫苑名，位于上林苑东部、汉长安城东南的御宿川中，即今西安市长安区王曲川。汉武帝时所建，因皇帝在上林苑游玩时常常住宿于此而得名。

虎圈
HUQUAN

汉代动物园林名，位于上林苑中，主要养老虎，供皇家贵族嬉戏游乐。虎圈在西汉初年就出现在史籍之中。汉文帝就曾登临虎圈，询问书册上登记的各种禽兽的情况，问了十几个问题，随行的上林尉只能东瞧西看，全都回答不出来，而看管虎圈的啬夫从旁代上林尉回答了皇帝提出的问题，答得极为周全。汉文帝很喜欢这个言辞敏捷、善于应对的虎圈啬夫。汉武帝也常去虎圈观赏取乐，曾一天之内射杀数只老虎。

虎圈中可能有斗兽场，有人与猛兽搏斗的情形。汉代贵族中凡被判为有罪的，常被派去斗虎搏熊，《汉书·李广传》记载，汉武帝就曾经把李广的孙子悬下虎圈中，让他去刺虎。同时，虎圈的斗兽场还有猛兽之间的互斗。史籍记载，建昭元年（前38年），汉元帝在虎圈观看猛兽搏斗，突然一只熊跑出圈外，当时在座的冯婕妤挺身而出，挡熊救驾。

彘圈
ZHIQUAN

汉代动物园林名，位于上林苑中，主要养野猪，供皇家贵族嬉戏游乐。汉景帝时，其母窦太后好黄老之道，不喜儒生。儒生辕固生当着窦太后的面贬斥老子，窦太后大怒，命辕固生入彘圈与野猪搏斗。汉景帝不敢救，又怕辕固生被咬死，暗中给他一把利刃，辕固生才得以幸存。

陵墓

五陵原
WULINGYUAN

　　原名，因西汉王朝在这里设置5个陵邑而得名。五陵原地处关中平原中部偏北的咸阳原上，南临渭水，北接北山山系，东西长约40千米，南北宽约20千米，总面积800平方千米，是汉唐长安城的北部屏障，具有特殊的地理位置。这里原高土厚，地势极其开阔，背靠山、面临水，隔水遥望长安城，自然风光雄壮大气，因此被汉唐统治者视为营建皇家陵墓的最佳风水宝地。由于统治者的着意经营，五陵原上皇陵累累，这些皇陵平地凿穴起冢，沿着郑国渠的走向一字排开，气势磅礴，十分壮观。

　　西汉的11个皇帝，除文帝刘恒的霸陵在西安东郊、宣帝刘询的杜陵在长安区鸿固原上外，其他9陵都被安置在咸阳北面的五陵原上，一字排列着，自西而东依次为汉武帝刘彻的茂陵、汉昭帝刘弗陵的平陵、汉成帝刘骜的延陵、汉平帝刘衎的康陵、汉元帝刘奭的渭陵、汉哀帝刘欣的义陵、汉惠帝刘盈的安陵、汉高祖刘邦的长陵和汉景帝刘启的阳陵。汉代帝陵大多是平地起冢，形成"覆斗式"的规范形制，一般来说，封土的底部和顶部均为平面方形，一般高度在46~66.5米，底边长大致为240~260米，气势磅礴、高大雄伟，凸显了墓主人的高贵和尊荣。在帝王陵周围，一般都有陪葬墓，陪葬墓多少不定，如汉景帝阳陵陪葬墓园内已经探明的大中小型墓葬就有5000多座，而汉哀帝义陵的陪葬墓仅有15座。

西汉政府在高祖长陵、惠帝安陵、景帝阳陵、武帝茂陵、昭帝平陵均设有陵邑，并几次迁徙天下豪富，繁荣邑地。因此，咸阳北原被称为"五陵原"。最早提出"五陵原"之名的是东汉班固，他在《两都赋》中曾有"南望杜霸，北眺五陵"的名句。后来，唐人颜师古在《汉书·游侠传》的注文中也说："五陵，谓长陵、安陵、阳陵、茂陵、平陵。"唐代诗人李白也有"南登杜陵上，北望五陵间。秋水明落日，流光灭远山"的诗句。

由于陵邑周围聚集了许多富豪之家，风气骄奢，所以，五陵也成为汉代豪侠少年和纨绔子弟聚集之所。后以"五陵少年"代指豪侠少年或纨绔子弟。李白《少年行》就用了"五陵少年"的典故："五陵年少金市东，银鞍白马度春风。落花踏尽游何处，笑入胡姬酒肆中。"寥寥数语勾画了一个骑马赏春、豪放不羁的风流少年。于鹄《公子行》有："少年初拜大长秋，半醉垂鞭见列侯。马上抱鸡三市斗，袖中携剑五陵游。玉箫金管迎归院，锦袖红妆拥上楼。更向院西新买宅，月波春水入门流。"描写了一个骑着骏马、抱着斗鸡、携着宝剑，四处游荡、恣意而行的五陵富家子弟形象。

五陵原的政治与军事地位非常重要。因为五陵原与长安隔渭水相望，在政治上担负着"强本弱枝"的任务，在军事上是防御匈奴的冲要所在，因此，西汉时期，五陵原是长安城的屏障。到了隋唐时期，五陵原的政治与军事地位依然重要，许多具有重大意义的政治斗争发生在这里。

同时，五陵原的文化地位也非常突出。由于西汉政府"强干弱枝"及建设陵邑的需要，在不同时期都曾大规模向五陵原移民，且移民大多为富豪之家，这样就使五陵原的民俗、方言、文化等杂乱交错，形成了一个独特的人文地理区域，对我国古代哲学、史学以及文学艺术的发展起到了积极的推动作用。西汉许多著名的文人、哲学家等都与五陵原有很大关系，如文学家司马相如晚年就住在茂陵邑，曾欲娶茂陵女。

西汉陵墓名。长陵是汉高祖刘邦的陵墓，在今咸阳市秦都区窑店乡三义村北。1988年被列为全国重点文物保护单位。

刘邦（前256—前195年），为汉王4年，在帝位8年，是我国历史上第一个"以布衣提三尺剑取天下"的皇帝。他出身低微，在秦末农民起义中崭露头角，后来发动了与项羽逐鹿中原的楚汉战争，他屡败屡战，经历了"大战七十，小战四十"等众多战役，最终击败了宿敌项羽，建立了西汉王朝。从此，"汉"不仅成为这个王朝的标志，还获得了持久的影响力，放射出永远的文化魅力：我们的民族叫"汉族"，人叫"汉人"，语言叫"汉语"，文字叫"汉字"。

长陵是在刘邦称帝的第二年开始营建的。长陵的位置是咸阳原的最高点，在秦代咸阳宫的旧址之上，远远望去，这里就像是山峰兀立，气势极其雄伟。在这里可俯瞰长安胜景，如果站在未央宫前殿遗址的高台上，巍峨的长陵也清晰可见。

长陵陵园的遗址至今尚存。据考古勘探，整个陵园的平面呈长方形，南北长1000米，东西宽900米。目前在西墙的正中发现了一座宽23米的城门遗址。西城墙的地面上至今还保留着一条长600米、宽6米、高3米的夯土遗迹。陵园的南部有两座并列的陵冢，高祖陵在西，吕后陵在东，相距约 250 米。这是汉代帝后同陵异冢的埋葬方式。刘邦的陵冢形状像覆斗，是夯土迭筑而成的，现测底部东西长 153 米，南北宽 135 米，冢高 32.8 米，陵冢顶部是一个东西长 55 米、南北宽 35 米的长方形。在陵园的西北角、西南角、东南角和沿南墙一带发现了六处大型的寝殿遗址。据说长陵是仿照长安城建造的，当然规模要小得多。秦汉时人有"事死如事生"的观念，也就是说，对待死者要像他生前一样，因此，长陵陵园内建有豪华的寝殿和便殿。寝殿是陵园的正殿，象征汉高祖生前生活的宫殿，殿内陈设汉高祖的日常所用衣冠、用品等，"宫人随鼓漏理被枕，具盥水，陈严具"，每日侍奉完

汉长陵遗址出土的彩绘陶俑（汉长安城遗址保管所展厅）

全像皇帝生时一样。

长陵的陪葬墓群在陵园东部，绵延达 15 里，陪葬墓群中至今还有 63 座墓冢可寻。在西汉诸陵中，长陵的陪葬墓数量最多，萧何、曹参、张耳、田蚡、周勃父子等功臣贵戚死后多陪葬在长陵。这些连绵的坟冢，从某种角度再现了汉初文治武功的盛况。所以唐朝诗人刘彦谦《长陵诗》云："长陵高阙此安刘，附葬累累尽列侯。"

长陵邑内有小市，汉武帝曾亲往小市寻找其同母异父的姐姐。《汉书》记载，汉武帝的母亲王太后（汉景帝皇后）在民间时，生有一个女儿，但不敢告诉汉景帝和汉武帝。直到汉景帝去世，王太后才通过宠臣韩嫣辗转告知汉武帝这件事。唐代诗人李益写有《汉宫词》：

汉室长陵小市东，珠帘绣户对春风。

君王昨日移仙仗，玉辇将迎入汉中。

安陵 ANLING

汉安陵遗址

西汉陵墓名。安陵是汉惠帝刘盈的陵墓，在今咸阳市渭城区韩家湾乡白庙村，为陕西省重点文物保护单位。

刘盈（前 211—前 188 年），是汉高祖刘邦的第二个儿子。高祖死后继位，前 195—前 188 年在位，后病死，终年 24 岁。汉惠帝即位后依旧按照黄老思想，实行无为而治，政治比较清明，社会也很安定。他执政的时期，是汉王朝从建国到文景之治的过渡时期、奠基时期，在历史上占有重要地位。

安陵陵区分为陵园、陵邑及陪葬区三部分。安陵的封土为夯筑覆斗形，底部东西长170米，南北宽140米；顶部东西长65米，南北宽40米，高25米。陵北白庙村一带有邑城遗址。陵东有12座陪葬墓，陪葬者见诸文献记载的有鲁元公主、张敖、陈平、张苍、袁盎、扬雄等。陪葬墓封土大多为圆锥形。陪葬墓分布大致东西一线，排列有序，或两墓并列，或几墓成群。

需要说明的是，在所有西汉皇帝陵墓中，唯独安陵有当地百姓自发捐资修建的护陵亭。护陵亭里有高大石碑，石碑上刻汉惠帝像和简介，重点介绍了汉惠帝制定的几项利国惠民的政策。这些政策的推行，使得西汉社会迅速走出战争的疮痍，走向繁荣昌盛。

霸陵
BALING

西汉陵墓名。霸陵是汉文帝刘恒的陵墓，在今西安东郊白鹿原东北角、灞桥区席王街毛窑院村，当地人称"凤凰嘴"。霸陵也称"灞陵"，因邻近灞河而得名。

刘恒（前202—前157年），汉高祖刘邦第四子，幼时被封为代王。吕后死，陈平、周勃等人平定诸吕之乱，迎立刘恒为帝。在位23年，病死，终年46岁。汉文帝在位期间，继续执行与民休息和轻徭薄赋的政策，励精图治，兴修水利，废除肉刑，使汉朝从国家初定逐步走向繁荣昌盛。汉文帝崇尚简朴，在位23年，车骑服御之物都没有增添，平时穿戴极其简朴，他所宠爱的慎夫人"衣不曳地"。汉文帝提倡孝道，是"二十四孝"中的孝子，后世称汉文帝"仁孝临天下，巍巍冠百王。莫庭事贤母，汤药必亲尝"。

霸陵是西汉帝陵中两座位于长安城南的陵墓之一。有人推测这和汉初帝陵选址的"昭穆制度"有关。霸陵"因山为陵，不复起坟"，即依山凿挖墓室，无封土可寻。这应该是我国历史上第一个依山凿穴为玄宫的帝陵，这种"因山为陵"的方式是对汉代"平地起冢"建陵方式的颠覆，对六朝及唐代依山为陵的建制影响极大。

霸陵陵园史称"盛德园"，陵园内建有寝殿、便殿等。但是由于没有封土可寻，目前尚未发现陵园的遗迹。据史书记载，霸陵在白鹿原原头的断崖上凿洞为玄宫，内部以石砌筑，并有排水系统，墓门、墓道、墓室以石片垒砌，工程十分浩大。霸陵最迟在西晋就遭到盗掘，大量的陪葬品被盗出。

在霸陵附近，有两个可见的陵冢，据推测应该是文帝母亲薄太后和文帝皇后窦氏的陵寝。薄太后原为刘邦姬妾，并不受宠，后来离开宫廷与儿子刘恒一起到封地"代"。薄太后的陵寝称为

汉文帝霸陵遗址

"南陵"，在霸陵的西南。南陵在西安市东郊狄寨乡鲍旗寨村西北，目前，封土与陵园遗址均有迹可寻。南陵的陵冢呈覆斗形，现高 29.5 米，周长为 560 米。陵冢四周有夯土筑成的陵园垣墙，垣墙正中建有门阙。陵园西北有从葬坑数十座，现已清理 20 余座，出土陶俑、陶罐、陶棺多件。当地人称南陵为"望子冢"，因为南陵西隔渭水可以遥望汉高祖长陵，向东北就可看见霸陵，所以史书有薄太后南陵"东望吾子，西望吾夫"的说法。文帝妻窦皇后陵在南陵的北面、窦陵村西北。窦皇后陵园垣墙为夯土筑成，已发现有西汉筒瓦、板瓦、云纹瓦当等大量建筑遗存，可以推测陵园中原来必有较大规模的殿堂建筑。陵冢位于陵园正中，现高 19 米，周长 564 米。陵园之东有从葬坑多座，包括窦皇后女儿馆陶长公主（窦太主）刘嫖、窦皇后的外孙女即汉武帝的废后兼表姐陈皇后（金屋藏娇的女主人公）等。

霸陵多次出现在后世诗词当中，具有汉代陵墓及离别的意象。李白《忆秦娥》有：

箫声咽，秦娥梦断秦楼月。

秦楼月，年年柳色，灞陵伤别。

乐游原上清秋节，咸阳古道音尘绝。

音尘绝，西风残照，汉家陵阙。

阳陵
YANGLING

西汉陵墓名。阳陵是汉景帝刘启的陵墓，在今咸阳市秦都区肖家村乡张家湾村，为全国重点文物保护单位，也是国家 AAAA

汉景帝阳陵

级旅游景区。现已建成汉阳陵博物馆，是我国目前占地面积最大的博物馆。

刘启（前 188—前 141 年），汉文帝之子。文帝死后继位，在位 16 年，病死，终年 48 岁。汉景帝在西汉历史上占有相当重要的地位，在位期间，推行"削藩"政策，削诸侯封地，平定七国之乱，巩固中央集权，勤俭治国，继续奉行"与民休息"的政策，发展生产、减轻赋税，与他的父亲汉文帝一起开创了"文景之治"，为后来的"汉武盛世"奠定了坚实的基础。

阳陵位于西汉帝陵的最东端。汉阳陵遗址的考古工作开始于 20 世纪 70 年代，初步探明，整个汉阳陵占地大约 12 平方公里，主要由帝陵陵园、后陵陵园、南区从葬坑、北区从葬坑、礼制建筑、陪葬墓园、刑徒墓地以及阳陵邑等几部分组成。帝陵为"亚"字形，坐西面东，居于陵园中部偏西处；帝陵东南西北各有一条墓道，平面均为梯形，内大外小。陵冢呈覆斗状，平面为正方形，整个陵冢为夯土筑成。后陵陵园、西区外藏坑、1号建筑遗址、南区从葬坑等距分布在帝陵陵园四角；"罗经石"遗址和北区陪葬墓位于帝陵陵园南北两侧，左右对称；刑徒墓地及三处建筑遗址处在帝陵陵园西侧，南北一字排列；东区陪葬墓分布于帝陵东侧的司马道两侧；阳陵邑则设置在陵区的东端。整个陵区以帝陵陵园为中心，四角拱卫，南北对称，东西相连，布局规整，结构严谨，显示了唯我独尊的皇家意识和严格的等级观念。2001年，汉阳陵成为第五批全国重点文物保护单位。2006年，汉阳陵帝陵外藏坑保护展示厅建成开放。2010年，汉阳陵国家考古遗址公园挂牌成立。

阳陵由阳陵陵园、陪葬墓区、阳陵邑、刑徒墓地和多处建筑遗址等五大部分组成。阳陵陵园是阳陵的主体，位于陵区的中部偏西。平面为长方形，东西向，东西长约1820米，南北宽约1380米，由帝陵陵园、后陵陵园、南区外藏坑、北区外藏坑、礼制建筑遗址、道路及外城垣、外壕沟等十余部分组成。陪葬墓区是阳陵最主要的附属，分别位于阳陵陵园的东部和北部，现存由东西、南北向壕沟分隔而成的陪葬墓园近200座，呈棋盘状分布。阳陵邑是侍奉、管理阳陵的专设治所，位于陵区的东端，现存遗址东西长约4300米，南北宽约1000米，总面积约400公顷（6000亩）。刑徒墓地和多处建筑遗址是修建阳陵的衍生物，位于陵区的西端，经探测，刑徒墓地范围约有8万平方米，推测为修陵人居址的建筑遗址，发现多处，形制、面积不等。

"文景之治"是中国古代史上的第一个繁荣时期，此时的西汉王朝社会稳定、政治清明、百姓富足、国力昌盛，汉阳陵的营造正好处于这样一个历史的黄金时期，因而整个陵园规模之宏大、气势之雄伟、布局之合理，丝毫不逊色于人类史上其他任何一项建筑工程，全面体现了西汉先民们在历史上升时期所特有的精神追求，而高大的陵墓和雄伟的建筑也完美体现了中国古代艺术中对高大宏伟、和谐对称的境界的追求。考古发掘中出土的形象生动、惟妙惟肖的各类陶俑，在继承秦俑写实的艺术风格和娴熟技法的基础上，汲取了楚文化的造型艺术精华，其浪漫写意的艺术特征和婉约清新的神韵为此一时期所独有，代表了西汉时期陶俑制作的最高艺术成就，在中国古代陶塑艺术史上具有非常重要的研究价值。

阳陵陪葬之汉俑

西汉陵墓名。茂陵是汉武帝刘彻的陵墓，在今陕西省兴平市东北南位镇茂陵村，为第一批全国重点文物保护单位。

茂陵博物馆（张向峰摄）

　　刘彻（前156—前87年），汉景帝第十子。景帝死后继位，在位54年，于巡视途中病死，终年70岁。汉武帝是我国历史上著名的政治家。在政治上，为巩固皇权，建立了"中朝"，在地方设置刺史；开创察举制选拔人才；颁行"推恩令"，削弱王国势力。在经济上，汉武帝实行盐铁专营政策，将铸币权收归中央。在文化上，采用了董仲舒的建议，"罢黜百家，独尊儒术"，用儒家学说统一思想；创立太学，培养人才。在外交上，开通西域，扩大了汉文化的影响。由于国力强盛，汉武帝三击匈奴、东并朝鲜、南领百越、西逾葱岭征服大宛，开疆拓土，奠定了中华疆域的版图基础。汉武帝也是第一个用"罪己诏"形式进行自我批评的皇帝，由于长期穷兵黩武，百姓不堪重负，晚年又造成了巫蛊之祸，诛杀戾太子，政治上极不稳定，因此，汉武帝下诏反思，称"当今务在禁苛暴，止擅赋，力本农，修马复令以补缺，毋乏武备而已"。

　　茂陵位于西汉帝陵的最西端，是汉代帝王陵墓中规模最大的陵墓，《关中记》载："汉诸陵皆高十二丈，方一百二十步，惟茂陵高十四丈，方一百四十步。"茂陵也是西汉帝陵中修造时间最长的陵墓，因为汉武帝在位时间是西汉诸帝中最长的，他从即位第二年起就开始为自己营建陵墓，前后长达53年。茂陵的陪葬品也是最丰富的，一个原因是汉武帝在位时间长达54年，搜罗日久；还有一个原因就是汉武帝时期社会经济繁荣鼎盛，又因凿通西域，与域外的交往也渐渐多起来，所以，茂陵的陪葬品包罗万象，国内外"金钱财物，鸟兽鱼鳖、牛马虎豹生禽，凡百九十物"，尽在其中。因此，茂陵被称为"中国的金字塔"。目前，帝陵的封土为覆斗形，现高46.5米，顶端东西长39.25米，南北宽40.60米。底边长为东边243米，西边238米，南边239米，北边234米。至今东、西、北三面的土阙犹存。茂陵的陪葬墓很多，包括李夫人、卫青、霍去病、霍光、金日磾等人。其中，霍去病墓"为冢象祁连山"，卫青墓"为冢象庐山（阴山）"，以表彰他们的不朽战功。李夫人墓史称"英陵"，由于李夫人是以皇后

茂陵陪葬墓——霍去病墓（张向峰摄）

之礼下葬的，其墓冢高大，状如磨盘，上小下大，中间有一道环线，俗称"磨子陵"。历史上与李夫人相关的典故有"倾城倾国""姗姗来迟"等。

后世诗人多次吟咏茂陵，著名的有唐代李商隐《茂陵》：

汉家天马出蒲梢，苜蓿榴花遍近郊。

内苑只知含凤觜，属车无复插鸡翘。

玉桃偷得怜方朔，金屋修成贮阿娇。

谁料苏卿老归国，茂陵松柏雨萧萧。

茂陵石雕（张向峰摄）

平陵
PINGLING

西汉陵墓名。平陵是汉昭帝刘弗陵的陵墓，在今咸阳市秦都区平陵乡大王村，为陕西省重点文物保护单位。

刘弗陵（前94—前74年），汉武帝少子，武帝死后继位。

汉昭帝平陵遗址

汉昭帝在位 13 年，史书记载为"病死"，终年 21 岁。汉昭帝即位时年仅 8 岁，朝政大权由霍光、上官桀、金日磾执掌。汉昭帝在位时期，沿袭汉武帝后期政策，与民休息，加强北方戍防。在始元六年（前 81 年），汉昭帝召开了"盐铁会议"，就汉武帝时期实行的盐铁专卖政策以及汉武帝的治国理念等问题召集贤良讨论。元凤元年（前 80 年），汉昭帝察觉出燕王的阴谋，保住霍光并诛杀上官桀，成功地避免了一场政变。史官称赞："汉昭帝年十四，能察霍光之忠，知燕王上书之诈，诛桑弘羊、上官桀，后世称其明。"此后，汉昭帝专任霍光，进一步更改武帝时制度，罢不急之官，减轻赋税。因对内对外措施得当，使得汉武帝后期遗留下来的社会矛盾基本得到了缓解，在一定程度上扭转了西汉王朝的衰退局面，"百姓充实，四夷宾服"。由此，汉昭帝与后来的汉宣帝统治时期被称为"昭宣中兴"。后人甚至认为汉昭帝极其英明，"高祖、文、景俱不如也"。

平陵的陵园是正方形，垣墙边长为 380 米，四面正中均有阙门，与陵冢相对。目前东垣墙和南垣墙的两个门阙仍然存在，门阙呈条形，是用夯土筑成的，夯土层厚 6~8 厘米。陵园的西北角有一座面积较大的建筑遗址，残存大量汉代砖瓦，还有方形沙石质柱础和砖砌的八角形水井，考古人员估计是守陵人的居室。汉昭帝的陵冢位于陵园正中，形如覆斗，高 29.2 米，陵顶内收形成二台。陵冢东南 665 米处是昭帝上官皇后陵。上官皇后（前 87—前 37 年）是霍光的外孙女、上官桀的孙女。她 6 岁入宫当皇后，52 岁病死，合葬平陵。可能是由于上官皇后死时霍光位高势重，皇后陵园竟比昭帝陵园规模还要大一些，这在古代帝陵中比较特殊。平陵东南是汉昭帝"徘徊庙"遗址，庙建筑在一个高 3 米的夯土台上，今台上仍有汉代板瓦和筒瓦、方格纹方砖、凤纹空心砖、"长生无极"瓦当等。平陵东侧是陪葬墓群，史书记载平陵陪葬墓有 57 座，主要有窦婴墓、夏侯胜墓、朱云墓、张禹墓、韦贤墓等。

杜陵
DULING

西汉陵墓名。杜陵是汉宣帝刘询的陵墓，在今西安市三兆村南，为全国重点文物保护单位。

刘询（前 91—前 49 年），汉武帝曾孙。汉昭帝驾崩，其侄子昌邑王刘贺被霍光拥立为帝，刘贺在位二十几天即被废除。刘

杜陵陵园

询在刘贺被废后继位。在位26年，病死，终年43岁。宣帝初即位，政事决定于霍光。霍光病逝后，宣帝开始亲政，剥夺了霍家的权力。刘询的祖父就是戾太子刘据，刘询刚出生就遭逢巫蛊之祸，祖父与父亲俱亡，刘询自己也被收入监狱。后来长期生活在民间，因此对百姓疾苦和吏治得失有一定了解，这对他即位后实行的各项政策有直接影响。汉宣帝在位期间，能够励精图治，任用贤能。在政治上，他重视吏治，诛杀了一些地位很高、腐朽贪污的官员；认为治国之道应以"霸道""王道"杂治，不专任儒术。在经济上，注意减轻人民负担，屡次蠲免田租、算赋，招抚流亡，恢复和发展农业生产。在对外关系上，汉宣帝设置了西域都护府来监护西域各国，保证了中央政府对天山南北这一广袤地区的管辖权。汉宣帝与汉昭帝的统治被史学家并称为"昭宣中兴"。

杜陵陵区南北长约4千米，东西宽约3千米，陵墓所在地原名"鸿固原"，因建有杜陵，又被称为"杜陵原"。杜陵封土居陵园正中，夯筑，呈覆斗状，底边长175米，顶边长50米，存高29米。其四面正中各有一条斜坡墓道，正对陵园垣墙的四门。四条墓道大小、形制基本相同，平面呈梯形。封土四周有边长400

多米的方形陵墙，四面各开一门。陵园封土东南 187 米处建有举行祭祀活动的寝园，四面有围墙，寝园之内有寝殿和便殿两大建筑群。

在杜陵南七八千米处长安区大兆乡司马村有汉宣帝许皇后陵，俗称"少陵"。封土规模略小，呈覆斗形，现存封土呈三层台，据说象征着仙人居住的昆仑山。封土通高 22 米，底部东西长 134 米、南北长 139 米。许皇后是汉宣帝在民间所娶，是汉宣帝第一个皇后，五凤四年（前 54 年）被霍光之妻害死，葬于少陵。此后，鸿固原也被称为"少陵原"。唐代著名诗人杜甫在此居住数年，自称"少陵野老"。

由于杜陵地近曲江，汉代以来，这里一直是长安的游览胜地，文人学士常会集于此，登高览胜，留下许多诗篇。著名的有李白的《杜陵绝句》：

南登杜陵上，北望五陵间。

秋水明落日，流光灭远山。

西汉陵墓名。渭陵是汉元帝刘奭的陵墓，在今咸阳市渭城区周陵镇新庄村东南，为全国重点文物保护单位。

刘奭（前 76—前 33 年），宣帝子。宣帝死后继位，在位 16 年，病死，终年 44 岁。汉元帝"崇尚儒术"，温文尔雅。做太子时曾经向宣帝进言"持刑太深，宜用儒生"，而被宣帝预言"乱我家者，必太子也"。汉元帝即位后，先后以贡禹、薛广德、韦玄成、匡衡等儒生为相，但宦官弘恭、石显等专擅朝政，导致政局开始糜烂。汉元帝在位时期多次出兵击溃匈奴。建昭三年（前36年），汉将甘延寿、陈汤诛郅支单于于康居。竟宁元年（前33年），匈奴呼韩邪单于入朝求亲。刘奭以宫女王嫱（王昭君）嫁之。刘奭在位期间，豪强大地主兼并之风盛行，中央集权逐渐削弱，社会危机日益加深，加之汉元帝过于放纵外戚、宦官，最终导致西汉的灭亡。

渭陵陵园近乎正方形，南北约410米，东西约400米，陵园四周有夯土筑成的垣墙，垣墙正中各有一座阙门，正对着陵冢的底边正中。陵园的四座门距离陵园正中的封土堆约为110米。陵冢位于陵园中间，呈覆斗形，冢底边长约115米，冢顶边长约50米，高25米。现在陵冢的顶部已塌陷。渭陵西北380米处有一座高13.5米的墓冢，四周有墙垣，每墙均于中央辟门，门外有双阙。从其位置和规格来看，大概是元帝皇后王政君的陵园。王皇后名政君，成帝母，元帝去世后，在王太后的主持下，外戚专权加重。后来建立"新"朝的王莽就是元帝皇后王政君的侄子。

延陵 YANLING

西汉陵墓名。延陵是汉成帝刘骜的陵墓，在今咸阳市渭城区周陵乡马家窑村，为陕西省重点文物保护单位。

刘骜（前51—前7年），元帝子。元帝死后继位，在位26年，病死，终年45岁。史书对汉成帝的评价是"湛于酒色"。典故"秋扇见捐"的主人公就是汉成帝与班婕妤。后来，汉成帝宠幸赵飞燕、赵合德姊妹，为了取悦赵飞燕，汉成帝在太液池建造了一艘华丽的御船"合宫舟"。赵飞燕穿着南越所贡云英紫裙、碧琼轻绡，一面轻歌《归风送远》之曲，一面翩翩起舞。舟至中流，狂风骤起，险些将身轻如燕的赵飞燕吹走，侍人拽住皇后的裙摆，飞燕则继续跳舞，由此流传出"飞燕能作掌上舞"的佳话。汉成帝时期，"赵氏乱内，外家擅朝"，赵氏姊妹在宫内引导皇帝淫乱，致皇帝无子，太后王氏家族专擅朝政，埋下了王莽篡汉的祸根。汉成帝在文化方面有很大贡献，河平三年（前 26 年），汉成帝下诏命谒者陈农求遗书于天下，又委任光禄大夫刘向总领校勘、整理采访来的书籍，命刘向校经传、诸子、诗赋；步兵校尉任宏校兵书；太史令尹咸校数术；太医监李柱国校方技。这一图书征集和文献编校活动，对后世的目录学、校雠学、藏书学有十分深远的影响。

与其他皇帝修建陵墓不同，汉成帝的陵墓修建过程极为纠结。汉成帝即位第三年，开始在长安城西北的渭城延陵亭修陵，这就是"延陵"。但是 10 年后，延陵即将落成的时候，汉成帝却突然决定废弃延陵，改在长安城东的新丰县戏乡步昌亭附近建"昌陵"，昌陵修建几年之后，又因为花费巨大，无法完工，汉成帝只得诏罢昌陵，重新修建延陵。几番折腾，天下匮竭。

延陵陵园略呈方形，垣墙边长约 400 米，四面垣墙正中均建有门阙，目前北、东、西门阙遗迹犹存。陵冢位于陵园正中，形如覆斗，陵基边长约 172 米，高 31 米。值得一提的是，延陵东北约 600 米处有班婕妤墓，当地群众称为"愁女坟"或"愁娘娘坟"；陵高 14 米，呈覆斗形，陵基周围曾出土云纹瓦当和其他汉代砖瓦残块。班婕妤就是写下"秋扇见捐"词句的才女。

义陵
YILING

西汉陵墓名。义陵是汉哀帝刘欣的陵墓,在今咸阳市周陵乡南贺村,为全国重点文物保护单位。

刘欣(前26—前1年),汉元帝刘奭的孙子,汉成帝刘骜的侄子,定陶恭王刘康之子。成帝死后继位,在位6年,病死,终年26岁。汉哀帝宠爱董贤,留下"断袖"的典故。

义陵陵园为方形,边长420米,四面墙垣中央各辟一门,门外置双阙,目前仅存北垣墙正中的阙址,残高约1米,宽约1.5米。陵园内出土有西汉时期的砖瓦残片以及有"长乐未央""长生无极"等文字的瓦当。陵冢为覆斗形,底部和顶部平面均为方形。底边东西长175.50米,南北宽171米;顶部东西长58.50米,南北宽55.80米。封土高30.41米。陵东的封土应该是傅皇后陵,距离义陵约600米,封土是覆斗形的,底部东西长110米,南北宽85米;顶部东西长30米,南北宽19米,封土高15米。义陵的陪葬墓仅有15座,其中,司家庄村北有一残冢,据推测可能是董贤的冢茔。

康陵
KANGLING

西汉陵墓名。康陵是汉平帝刘衎的陵墓,在今咸阳市周陵乡大寨村,为陕西省重点文物保护单位。

刘衎(前9—5年),原名刘箕子,汉元帝刘奭的孙子,中山孝王刘兴的儿子。汉哀帝死后继位，在位5年，元始五年（5年），刘衎在未央宫去世。据《资治通鉴》记载，王莽在腊日向汉平帝进献椒酒时，在椒酒中下毒，致使汉平帝中毒而死，终年14岁。汉平帝在位期间，王莽擅权，推行一系列改革措施。

康陵陵园平面为方形，边长420米。陵墓为覆斗形，底部东西长216米，南北宽209米；顶部边长60米，高26.6米。为二层台，东西台宽6米，长93米；南北台宽11.5米，长90米。其东南570米为皇后王氏陵，王氏为安汉公王莽的女儿，王莽建立"新"朝之后，被封为黄皇室主，绿林军攻破长安后，王氏自焚而死，后来合葬康陵。

康陵

军营

汉代地名，汉文帝后元六年（前158年），宗正刘礼驻守在霸上。霸上地近灞水，有学者认为具体地点在秦汉灞桥遗址之东，今西安市灞桥区西北的桥梓口附近。

霸上是长安的东大门，对都城具有屏蔽拱卫的作用，其战略地位非常重要。发生在霸上的重大军事事件很多，主要有：公元前207年，刘邦趁项羽在河北吸引秦军主力的大好机会，破武关、绕峣关、逾黄山，轻而易举攻入关中，入咸阳，又还军霸上。公元前206年，项羽40万大军驻新丰鸿门，邀驻军10万在霸上的刘邦与会。据《史记·项羽本纪》载：鸿门和霸上"相去四十里"，在"鸿门宴"上，"项庄舞剑，意在沛公"的一幕非常扣人心弦。汉代初年，刘邦率兵讨伐英布，离开长安，临走时命令太子刘盈监关中兵，驻守霸上。汉高祖刘邦死后，吕后怒召赵王刘如意，孝惠帝刘盈为防备吕后，亲自迎赵王于霸上。汉文帝后元六年（前158年）刘礼居霸上。汉景帝三年（前154年）吴楚七国之乱，周亚夫从霸上发兵平叛。魏晋时期，霸上一直是攻破长安的战略要地。

棘门 JIMEN

汉代地名，原为秦宫门，徐厉驻兵所在地，在今陕西省咸阳市东北渭城镇一带。《水经注·渭水》记载长安城北城墙西边第一座城门为横门，"其外郭有都门、有棘门"。横门是长安城一座重要的城门，建有外郭城，郭城城门为"都门"，在都门以北还有一门叫"棘门"。横门的外郭城都门不可能跨水而建，应该是建在渭水南面横桥南端。但是，这样一来，从军事防御方面来看，对长安城起着重要作用的横桥就会因没有任何屏障而轻易落入敌手，不利于长安城的军事防御，因此，棘门就出现了。棘门是秦代的宫门，在渭水北岸，地势较高，能够对横桥起到屏护作用。

汉文帝后元六年（前158年），匈奴大举南侵，长安告急，汉王朝在军事上作了防御部署，宗正刘礼驻守在霸上，祝兹侯徐厉驻守棘门，河内郡太守周亚夫驻守细柳。汉文帝劳军，到了霸上和棘门，这两处军营营门大开，皇帝车驾长驱直入，畅通无阻。士兵纪律也比较涣散。汉文帝认为他们把战争"视同儿戏"。

细柳 XILIU

汉代地名，周亚夫驻兵所在地，在今咸阳市西南渭阳任家咀一带。汉文帝时，为了排除西北方匈奴的威胁，在军事上作了认真的部署，命宗正刘礼、祝兹侯徐厉和河内郡太守周亚夫三人为将军，分别率军驻守在霸上、棘门和细柳。汉文帝还亲自去这三处军事要地慰问将士，视察军营。汉文帝先到了霸上和棘门，这两处营门大开，没人看守。皇帝车驾进入大营，畅通无阻。随后，汉文帝又驱车前往细柳。他的先行仪仗队到营门外即被卫兵挡住。汉文帝的车马随后到达，也被挡在营门外。后来，周亚夫亲传将令，才把营门打开。卫兵奉令开门时，又告诫汉文帝："周将军有令，军营内不许车马疾驰，违令者斩。"文帝看到细柳驻军纪律严明，士兵和军官全部身穿铁甲，手持兵器，操练武艺，列队布阵，像个备战的样子。后来，匈奴威胁消除，三处驻军也都撤掉。汉文帝拜周亚夫为中尉。

后记 *Afterword*

西汉是中国历史上一个辉煌灿烂的时期，当时，国家经济、文化全面发展，对外交往日益频繁，民族融合不断加快，国家版图进一步扩大，显示出了"汉并天下"的强大国力。时至今日，汉人、汉语等词汇仍向人们显示西汉深远的国家影响力，而位于今天西安西北郊的汉长安城遗址见证了西汉首都——长安的繁华与落寞。学术界对汉长安城的研究已非常深入，考古学的发展更为我们揭开了关于汉长安的许多谜团，可以说，今天学术界对汉长安城的理解与认识有了较为清晰的知识积累，而这些知识性的经验为汉长安城遗址的保护与展示提供了学术的支持。然而，遗产的保护必须获得公众的理解，如此，就必须让公众以浅显易懂且方便实用的方式获得对汉长安城的相关知识，从而理解遗产，传承文化。因此，在曲江出版传媒集团的邀约下，我们欣然同意参与《西安小史》丛书的编写工作，并于2015年4月完成了《汉长安城》的文稿。

《汉长安城》的编写工作由王新文（西安建筑科技大学建筑学院讲师，建筑学博士、城乡规划学博士后）和潘明娟（西安文理学院教授、历史学博士）共同完成。作为系列丛书之一，本册的编写注重文图并茂，同时，在保证真实性的情况下，增加趣味性和可读性，便于读者尽快形成对于汉长安城的完整的立体的印象。我们还努力将近些年对汉长安城遗址的考古发掘新材料加入文中，来反映学术发展的时代特色。

本书编写工作得到曲江管委会和西安曲江出版传媒股份有限公司的大力支持，我们也非常感谢《西安小史》丛书主编杜文玉教授和各位编辑的不懈努力！

王新文　潘明娟

2015年9月18日